U0069553

泰雅爾族傳統文化
部落哲學、神話故事與現代意義

財團法人
原住民族文化事業基金會
Indigenous Peoples Cultural Foundation

Laysa Akyo
萊撒・阿給佑／著

黃國超
（靜宜大學台灣文學系助理教授）

神話 ‧ 巴萊

　　大部分的民族都會以神話來解釋自己民族的起源，以神話來賦予自己民族的生命意義，認為神話所說都是真實發生的歷史，且它所涉及的時間是原始或是永恆，空間則是遼闊無涯，不同於我們現實的世界，聽者和說者皆以神聖的態度對待它，故神話對他們而言是真實而非虛構的。Paul Ricoeur（1992）表示，「神話」是原始的宗教語言，泰雅族沒有文字，故 *gaga* 以口傳方式（神話、傳說、故事）進行世代傳承，*gaga* 是 *Utux* 所訂的，故人不可更改，*Utux* 將 *gaga* 以夢顯現於人（黑帶 2000）。「*gaga*」的宗教語言彰顯著 *Utux* 的旨意，泰雅人完全遵守 *gaga* 乃出於永生的企盼，泰雅族的永生並不同於漢人的「來世」，是一種在其有生之年盡力表現個人能力，以達自我實現的人生觀。

　　在泰雅族的傳說故事中，人會死亡，人要耕作、要打獵，人變猴子，人變鳥、小米變鳥等，都共同指向一個共同的原因—「懶惰」（*mqilang*）。人變動物，古時美好生活的不再，乃是 *Utux* 的一種懲罰。而「懶惰的人也成為泰雅族故事中最常見的負面人物的表徵」（B.Riftin，1995：序 27）。在其他傳

說象徵裡，「*Yekliy*」（人名，快腳的人）、「*Squliq ka ini kngungu ghzyaq*」（不畏懼寒冷的人）等，雖然個人擁有過人長處，但因為為人貪心或處事不合群，而死於意外災害不得善終。另外，如「*Halus*」（大陽具的人）或「*Psaniq m'agal qu mtswe*」（兄妹禁忌遊戲）等則象徵泰雅人在「性」與倫理方面的禁忌及規範。泰雅族 *gaga* 神話隱喻了人類苦難與惡的起源，部落的道德規範（morale）和秩序，人的宇宙地位皆蘊藏在 *gaga* 中的神話、傳說中，*gaga* 經由語言系統的表達，建構一套規範／褻瀆（defilement）同時並存的秩序體系，藉由象徵語言中的不淨與污穢意識，規範了泰雅人堅持以「集體互惠」為主的精神，並且反應在社會結構上，以之應對於生存的自然環境，從而滲透到一切活動中。這些神話觸及了人類現象學時間中有關於存在、死亡與永恆的關係，使我們對其文化本質有更深的瞭解。我將 *gaga* 的神話故事稱之為根基歷史（primordial history）。我們在本書的泰雅作者身上，可以看到其根深蒂固的影響力，這種根基歷史的召喚，也是泰雅族人與其他族群作者在書寫起點的根本差別。

　　近百年來的殖民過程對於泰雅族來說，是一個從「無文字」到「文字化」、*gaga* 歷史敘事形式的轉變及民族地位主體位移的過程。因為過去社會沒有文字系統，因此當前原住民知識份子所知道的有關泰雅族的歷史，幾乎全來自於日本及漢族的歷史記憶，或者是在當代漢人歷史分類的框架下對本身神話傳

說的重新詮釋。浦忠成（1994）指出，從日治時期至今，原住民口傳文學材料的文字化已經有相當的基礎，例如佐山融吉的《蕃族調查報告書》、小島由道《番族慣習調查報告書》、移川子之藏等《台灣高砂族系統所屬之研究》、佐山融吉、大西吉壽的《生蕃傳說集》，而由小川尚義與淺井惠倫所撰寫的《原語台灣高砂族傳說集》則代表著日治時期對原住民口傳文學的具體成果。其他像《台灣的蕃族》、《台灣蕃族之研究》及選集如《神話台灣生蕃人物語》等都是日治時期原住民口傳的重要記錄。在我的觀點中，這也恰好是原住民族失去自我歷史與主體的見證產物。隨著殖民光照下，泰雅族人 *gaga* 的被「知識化」與「客體化」，在外來者進化論的眼光中，與 *gaga* 相關的口傳、神話皆成為「土俗」或者「歷史口碑」的一部份，失去律法的主體地位。而伴隨著 *gaga* 的相關「禁忌」，則成為「迷信」的範疇。

戰後的學者奠基在日治的基礎上，對台灣原住民的採集轉向單一族群的深入探索，例如衛惠林等對鄒族神話故事的紀錄載於《台灣省通志稿卷八》、董同龢的《鄒語研究》，陳春欽《向天湖賽夏族的故事》、王崧興《馬太安阿美的故事》、李亦園《南澳泰雅人的神話傳說》、劉斌雄《雅美族漁人社的始祖傳說》、金榮華《台東卑南族口傳文學選》、泰雅中會《泰雅爾傳說故事精選篇》……等。在近百年來的歷史發展下，口傳神話的文字化結合出版的傳播系統、教育體制的選擇性採納，不僅

原有神聖意涵消逝，而且原有的各部落詮釋的多元性也逐漸被
單一標準版本所取代。外來政治勢力與文化的霸權，不僅造成
泰雅人主體的失落、自我扭曲，不同政權間亦不斷競逐、角力
各種意識型態的詮釋觀點。口傳文學的僵化文字，與原住民部
落生活脫離，識字教育的推展，使得口傳淪落為部落少數人能
欣賞的文學形式，而與真實的部落生活土壤斷裂。在近現代國
家的治理下，原住民神話傳說成為一種漢人閒情逸致的閱讀活
動。泰雅族人口傳中原來所蘊含的社會文化及其功能，逐一崩
解，神話、傳說從反應社會現實的有機連結轉向一種文字紀錄
的消極存在。

　　本書作者萊撒牧師以「部落主義」的意識出發，旁徵博引
地大量閱讀了不少當代台灣及西方學者的著作及論文，以一個
開放對話的態度，將泰雅族的傳統智慧及倫理哲學與之交流、
辯證，與時俱進地再省思也再詮釋了泰雅文化的現代意義與存
在價值，無論其努力成功與否、論點學界接受與否，這種「反
宰制」的自主性或文化主體性的堅持，便值得社會大眾給予嘉
許。我很榮幸能夠成為萊撒牧師這本嘔心瀝血的鉅著的第一位
讀者，在此也為我們多年的友誼，以及他的努力獻上我衷心的
祝福及推薦。

讓世界看到泰雅爾族的偉大

　　田野與寫作期間，有人這樣問筆者：「你好像很喜歡傳統神話故事及傳說！」，當時也沒有完整的回答，只很快地點點頭，來表示自己確實喜歡閱讀與瞭解祖先們留下的東西。與平常一樣就這樣返家，從來不曾將別人所給的問題裝入包包，但也經常性的在冷靜之後，那些問題的回答在心中、在眼前晃動，這樣的情形似乎在傳遞什麼信息，而且是活生生的，是可以觸摸地及是可以體會地，那種距離盡是與自己非常接近，可以感受到與自己並不是那麼陌生，對了。「她」就是部落祖先的話，就是現代人們所瞭解的神話故事及傳說！

　　不知曾幾何時，我們「泰雅爾族的神話故事及傳說」與部落相去甚遠，與自己是遙不可及地，好像我們從來未曾認識一般，部落族人好像與神話故事及傳說根本未發生任何之關係，長久以來部落族人又沒有積極地主動與神話故事及傳說對話，因此埋下了似曾相識，實際上卻是分離狀態情況。除了極少數之外，時下的我們所可以閱讀的關於神話故事及傳說之書籍，泰半是日語或漢語資料，讓我們要從這樣的資料當中去摸索，實際上是多有問題的，到手的資料已經是二手或三手資訊了；

另一方面，這些資料從不會主動爬上部落，供族人翻閱。我們可以這樣講，關於大多數的神話故事及傳說資料，都早已逃離族人的生活及記憶了，實屬可惜啊！

慶幸地，筆者乃透過好幾年的田野工作，除了族語基礎佳，與部落耆老溝通無礙之外，也累積了一些與部落的情感，可以直接的與部落耆老對話，這個「情感」與「對話」很容易變成了筆者進入所謂的「泰雅爾族的神話故事及傳說」土地領域之橋樑。筆者近兩三年來的田野工作，比較著重在傳統宗教（信仰）與部落社區發展及總體營造上的探討，所以原本的計畫是要整理這兩方面的討論，但在訪談中常有非常棒的機會，聽到泰雅爾族部落耆老有說不完的故事，就這樣觸動了轉向討論關於神話故事及傳說的非份想法，聽完了部落耆老的故事，心中跳躍的感動是『到底這傳統的神話故事及傳說』對部落族人說了些什麼呢？今天這個『傳統的神話故事及傳說』對部落族人還有什麼樣的意義呢？今天的部落族人可以理解『傳統的神話故事及傳說』嗎？泰雅爾族『傳統的神話故事及傳說』可以和所謂現代科學對話嗎？就這樣把這些質問裝入背簍裡走向現代人的理解與思考，嘗試進入傳統的神話故事及傳說裡盡情去尋找現代科學的痕跡，雖然陌生但卻使筆者意外發現傳統知識其精彩的另一面，感動萬千。

「泰雅爾族的神話故事及傳說」非常令人著迷，我們的祖先們在每個時代裡透過神話故事及傳說傳遞著部落非常真實、

非常原始地生活智慧，好讓後代子孫們的生活有了依靠與依
循，積極地不讓他們偏離生活軌道，這樣的智慧慢慢變成了部
落族人的哲學思潮，引導部落及其族人建構倫理及宗教生活。
藉著寫作更讓筆者有機會窺探泰雅爾族的神話故事及傳說背後
之象徵意義，其包括了歷史、文化、宗教、倫理、教育、組
織、管理、災難、地理、生態、環境、空間、科學、文學及哲
學等知識理解領域，非常多元與豐富。通過神話故事及傳說的
考察，就會發現「泰雅爾族的神話故事及傳說」都滿載多層次
的象徵意義，本文主要詮釋從泰雅爾族神話的象徵意義及哲學
建構過程，也就是想要將每一篇傳統神話故事及傳說放到各自
的歷史背景中去理解，並以現代可以理解的語言意義，再根據
其不同的類別與通常所說的「時代精神」（Zeitgeist）之間的關
聯來討論彼此之關聯性[1]。其研究方法偏向從學術思想方面的考
察，也就是說，從泰雅爾族當時的歷史文化脈絡當中，尋找泰
雅爾族祖先對「神話」一詞的運用情形，看他們是如何受到時
代思潮的影響，而對「神話」產生不同的詮釋與應用。對筆者
來講，此一研究方法偏向從整個學術動態的角度來觀察神話現
代意義的建構過程，將神話及傳說其意義的早期發展，視為現
代不同的學科之間互相激盪的濫觴。因此筆者企圖以民俗學、
文化學、人類學、地理與環境學、宗教學、文學、哲學以及詮

---

[1]　彼得，伯克（Peter Burke）者，蔡玉輝譯，《什麼是文化史》（北京：北京大
學出版社，2009.10），P.8.

釋學等幾個不同學科的視野，探討此一歷史及神話在泰雅爾族社會文化之發展情況。

從學術研究的視野去思考詮釋泰雅爾族古典神話故事及傳說，當進入神話學的殿堂時，會非常突兀地發現，所謂的學術文化史研究，乃是對於某類對象已有研究的再研究。如果從此一角度理解，便可發現當代以神話為對象的研究狀況，實是相當紛雜的。原因在於神話學在一開始並不是被視為一個獨立的學科，而是被置於各個學科的脈絡裡被研究的。因此，神話在民俗學當中，往往被置於民俗遺留物的位置；而在史學當中，則被視為是一種史料（而且經常是可疑的史料），而在文學研究當中，神話則是以其在文學史的位置受到學者的重視。可以看出此一對神話學建構的過程，從來不是一個處於封閉的狀態，而是向各個學科開放的。因此當代從各個學科的角度對神話從事探討，可以說正是為神話邁向一門獨立的學問，而各自提供了發展的養份。

另一方面，筆者想說的是，並不是重返「泰雅爾族的神話故事及傳說」的思維中，意味著我們必須將科學及現代思維予以拋棄。有人認為所謂原始民族的思想遜於科學的思想，他們所持的理由：所謂原始民族的思想遜於科學的思想，不是因為思想方式的不同，而是因為就科學的觀點來看，它是錯誤的。李維斯陀在「神話與意義」的著作中，引用了赫胥黎（Aldous Huxley）在其《領悟之門》（The Doors of

Perception）一書中申論道：大多數人只使用了我們人類心靈能力中的一部分，其餘的部分則徹底地被封閉了[2]；到今天為止，仍舊很少人能夠瞭解，神話不是神仙的故事，而是人類自己的故事。人類中各民族在神話中所表達的真正主題，並不在於神仙世界的秩序與感情，而是人類自身的處境、以及他們對自然世界以至於宇宙存在的看法。同時，或許更少人能夠理解，如果解讀得法，神話非但可以不再是某種已死去的文化殘留，它同時亦可穿越時空，成為我們現代生活精神文化的引導[3]。對於「泰雅爾族的神話故事及傳說」的詮釋實在是難度高，筆者雖然身為泰雅爾族的後代，族語也具有高階程度，工作也一直未曾離開部落，但必竟不曾親自參與傳統部落生活、不曾親自與祖先共事或對話，也未曾親自觀摩傳統部落社會情況。換言之，現在我們所存在及經歷的社會文化，已經不是泰雅爾族傳統部落社會的那個時代，可以說整個思維也早已經發生變遷了，才學疏淺筆者只能稍為借重現代科學的理解進行一些（還是一小部分）的整理，除願意拋磚引玉之外，這樣企盼抓住一些機會能與現代的人們對話，讓彼此之間的距離更為貼近，進一步地互相效力。

---

[2]　克勞德 · 李維斯陀（Claude Lévi-Strauss）著，楊德睿譯，《神話與意義》（台北：麥田出版社，2006.12），P.12.

[3]　李亦園撰文的序，收錄在《神話的智慧》中文版，（台北：立緒文化事業有限公司，民95.4），P.5.

　　坦誠說，不要說學術文化史研究，一般性的閱讀及研究對筆者來講是一件苦差事，實在是因為自己的學術底子功力不足，但是想到泰雅爾族古典文化這一塊區域，如果現在不做將來必定後悔，會像過去一樣，本身是泰雅爾族卻要讀日漢族所寫的，更教族人陷入悲慘世界欲哭無淚啊！為了這個緣故，筆者身先士卒地有種「我不入地獄，誰入地獄」的迫切使命感，就這樣無哩頭的鑽進泰雅爾族神話故事及傳說的世界中，從此常面臨昏天地暗的生活，至始至終懷抱的態度是只管寫不論好或不好，到今天依舊企盼，透過「泰雅爾族的神話故事及傳說」的重新詮釋，讓世界看到泰雅爾族的偉大。

目次

第一篇

走上彩虹橋

一、寫作的起源

在二〇一一年二月的中旬，因為家鄉的氣溫降至冷的讓人受不了，好不經意的從書架上取下名為「神話的智慧（Joseph Campbell 喬瑟夫・坎伯著，1996），」閒來閱讀，是在二〇〇九年的三月時購買的，帶回家偶爾將其翻一翻未曾認真閱讀，但這一回在天候寒冷所燃起的熱情下越看越興奮，越看越發感動，好像筆者已逛進故事裡了，看到的故事裡人、場景及脈絡盡是可以觸摸的，整個在心裡滿滿的是觸動了那種要用心看、一定要看與滿足了的味蕾。於是開始認真閱讀並思考關於神話的種種，以及她與人類、文化、歷史、文學、哲學及環境、十地以及資源等的關聯性，發現在不同的時代、不同的地區、不同的民族、不同的歷史及不同的文化都會為當代帶來不同故事

及不同的詮釋意義，也慢慢瞭解與體會舉凡神話故事或傳說故事，深深受到當代思潮及人民生活的影響。

其次，透過學者畢生的研究，也讓筆者可以抄小路盡情體會神話故事或傳說故事所傳放的精彩意義，這種邂逅與感覺絕不是輕描淡寫幾句可以形容，遇到不解之處唯有誠懇回到學者的詮釋意義、或趕緊回溯經典向滿是智慧的部落耆老取經，每回與部落耆老在屋裡、在路邊或在門口「聊天」，總是讓筆者飽受驚豔與飲鴆止渴。因此，對筆者來講，學者的知識與耆老的智慧不僅獲益匪淺，更讓筆者看到兩者之間的「交會處」像極了泰雅爾族所認知的彩虹的彼岸。透過這樣的融會貫通，讓我們可以瞭解在源自於英國的功能論，其中研究神話與初民心理的為馬凌諾斯基（B. Malinowski），他認為神話的功能，是為某一社會提供一個行為的指導與模式。神話可以用以解釋世界的起源、地下之生命、死亡、以及解釋人類的各種經驗（Malinowski 1931 P.640），非常令人期盼及感動的觀點，馬凌諾斯基說：「神話可以用以解釋世界的⋯⋯以及解釋人類的各種經驗」，換句話說，在人類的各種經驗裡可以看到神話故事所承載的真理與當代之意義；佛瑞則（J. Frazer）說：「神話或許可以界定為初民之哲學」，德國神學家西尼溫德（J. Schniewind）說：「神話是藉可見的現象來表示不可見的事實」，上述的說法很有道理，我們似乎可以認定神話是每一個初民社會的知識菁英，也就是他們文化中最核心與最重要的部份。在現代有文

字、有長遠歷史記錄的社會、神話則是形成其知識傳統的原始理念。因此，我們必須要以動態的觀念來研究神話、傳說、或民間故事；或許民間故事，或許過去的老神話、老傳說成為重要的功能，結合新的刺激，來創新一些新的思想，新的故事，潤飾老的神話與傳說，產生新的諺語及童謠及童話，因為時代巨輪不停向前進的（尹健中，民83）。

　　之後，又存心讀了宋泉盛博士的《故事神學》，他在序言中說：「通過童話和民間故事，我們與孩子之間建立心靈的溝通。這種心靈的交流是多麼親密、多麼豐富啊！它所開啟的遼闊世界遠超乎我們小小的家庭。吸引孩子們的故事，使他們稚嫩的心靈向著大千世界開放。這世界不僅住著各式各樣的人類，還有活潑生動的動物，以及奇異曼妙的仙子，真是多采多姿，可歌可泣。故事也使他們發思古之幽情，緬懷古老之年代；仰望無限之未來，期待新奇之事物。故事更讓他們相信的力量遠勝人類的計謀和邪惡，並且引領他們親近愛的源頭。故事使得人的心靈可以與上帝溝通、可以與人類溝通，並且建立彼此之間的親密關係。故事能夠滋潤人的心靈、豐富人的生命，這正是全世界大多數的父母和他們子女所共同分享的經驗啊！」（宋泉盛，1990）。如此的描繪出筆者心靈深邃的感動真是不言可喻無法形容，產生內心毫不客氣地快樂。

　　因為讓筆者有了如此豐富多元的短暫而快樂的經驗，才得以催逼已沉悶許久的心靈，重拾想寫、要寫及立刻寫的胸懷大

志，於是乎打開筆電勇敢的進入 Word 檔裡，開始隨著「顯示段落標記」、「符號表」以及「頁數」等，埋頭栽進泰雅爾族古典的神話故事與傳說故事的精彩深奧世界。

二、寫作的想像

被感動的心靈開始敞開了原本自囿於單一的視野，進入根本沒有圍牆的神話及傳說故事的世界，就這樣被故事牽引的方向及感覺，慢慢地熟悉那種「沒有圍牆」的生活。一開始懵懂地有些不安、焦躁懼怕，那種唯恐被竊走的囹圄，但令人訝異地，那種「沒有圍牆」的感情生活，畢生以來第一次超越舊有與既存的自己，第一次感覺就像馬丁・海德格爾（Martin Heidegger，1889 年 9 月 26 日－1976 年 5 月 26 日，德國哲學家）所說的：「存在的價值」，筆者不敢奢望也沒有那麼驕傲，筆者想說要說的是泰雅爾族古典文化的存在價值與意義，重新活絡硬是從部落出發，以另一種樣貌展現於世界之舞台獨領風騷。

在彩虹橋上騰雲駕霧撲進腦海裡的意念，竟是泰雅爾族傳統文化的哲思、周圍世界以及其與神話（傳說）故事的關係為何？筆者內心滿是衝動的想闖進泰雅爾族的神話（傳說）故事及其周圍世界引來什麼樣的關聯性？可能先瞭解所謂「周圍世界」的意義如何？對於周圍世界（Environment）海德格爾指出，日常此在的，最切近的世界，就是周圍世界。我們通過對

周圍世界內，最切近地照面的存在者，做存在論的闡釋，一步步尋找周圍世界的世界性質（周圍世界之為周圍世界）。周圍世界這個詞的「周圍」，就包含指向空間性之意。然而對周圍世界起組建作用的周遭首先卻沒有任何「空間」意義。空間性質無可爭議地附屬於一個周圍世界，所以倒是要從世界之為世界的結構中才能說得清楚。海德格爾指出，並非「周圍世界」擺設在一個事先給定的空間裡，而是周圍世界特有的世界性質，在其意蘊中，勾畫著位置的，當下整體性的因緣聯絡。而這諸種位置則是由尋視指定的。海德格爾指出，當下世界，向來揭示著屬於世界自身的空間的空間性。只因為此在本身，就其在世看來是「具有空間性的」，所以在存在者（Being）層次上，才可能讓上手事物，在其周圍世界的空間中來照面。

由此觀之，泰雅爾族的古典神話故事或傳說故事，其實一直以來就擺在那裡，一直存在於部落的空間裡，與泰雅爾族以及世界最為貼近。而這個「周圍世界」也一直包容著泰雅爾族優美的傳統文化，它的存在並不是泰雅爾族文化所規劃所給予並放在那裡的，它本身具有非同凡響的世界性質，於此泰雅爾族的古典神話故事或傳說故事亦屬於這個所謂的周圍世界。同時，就像海德格爾所言，「當下世界，向來揭示著屬於世界自身的空間的空間性」；然而，就筆者的瞭解，這個周圍世界就是泰雅爾族神話故事或傳說故事存在的部落及全世界的版圖，它具有的空間性是一個沒有圍牆的世界，更不可能被當下的人類知

識或瞭解所限制。只是在那個周圍世界或空間性裡，你認為泰
雅爾族神話故事或傳說故事它應該在那裡它就在那裡。

「當下世界，向來揭示著屬於世界自身的空間的空間性」
海德格爾之觀點，啟發了筆者大膽的撥弄泰雅爾族神話故事或
傳說故事的念頭，並給予天馬行空的超級 imagination（想像空
間），可以讓筆者在那個沒有圍牆的 imagination 裡大放闕詞無
的放矢。這種極盡挑逗性的情緒可以使筆者毫不擔心的盡心、
盡意、盡性與盡情的沿著故事之脈絡，尋找與故事中「所指」
（Saussure 在符號學所稱的概念）的那個人時而肩並肩、時而手
挽手漫步在沒有圍牆的的世界裡之情景，悠遊自在好不愜意。
由於筆者的傾心，使長久以來藏匿於泰雅爾族部落背後的故事
及其意義，隨著「周圍世界起組建作用」而有機會走出不具空
間的世界，迎向更為具體的世界。筆者期盼，豐富精彩多元存
在的泰雅爾族神話故事或傳說故事能從容地走向以活潑意義的寬
廣世界，來具體彰顯它原有的、純真的樣貌，以供存在於周圍世
界的人們思考與學習，並揭示著屬於世界自身的空間性意義。

三、寫作的目的

坊間我們接觸與認識的關於原住民傳統文化的書籍，絕
大都是經由語言學、人類學、民族學或民俗學家……等的田野
調查所得結果。再將其直譯出版。諸如此類的出版品之作者及

翻譯者又多以日本人或漢人居多，過去站在主流社會的一隅我
們一直默默承受或懷抱感恩的心情，事過境遷之後，發現在閱
讀上有些困難，潛藏在背後有幾種的可能性因素：一來在語言
上，當時田調者無法瞭解、無法直接進入原住民族浩瀚與深沉
的文化裡，田調者不懂原住民族語言、被訪問的族人也不懂日語
或漢語、扮演田調者及被訪問的族人的翻譯者，在傳譯時容易加
上自己的觀點，這樣在瞭解上容易產生極大的落差；其次，基
於上述的因素，在出版的時候容易造成作者的偏頗觀點，而非
原住民族的部落觀點；再來，坊間大多為超齡的舊資料，筆者
不是說舊的就不好，而是舊資料上錯誤部份未加以修正，一直
被其他作者或學術界所繼續引用，實屬遺憾。另一方面，嚴重缺
乏一手資料，是目前遭遇的問題，我們知道，學術界一直有人
在從事部落的田野調查工作，但他們完成之後就收回研究所佔
為己有，更不讓部落族人分享其結果，豈不知他們所得的那個
「資料」並不是屬於他們的，而是屬於原住民族及其部落的重要
資產，坦誠說，學術界與其他作者理應有「財產歸屬」觀念與積
極意識。

　　筆者這些年來所蒐集的資料，只要冠上「台灣」或「原住
民」的書名與資料，都盡可能地拿到手。日後再加以閱讀，然
在閱讀及參考中發現，大多數的書本或資料普遍只是從第一手
資料上進行直譯出版（特別屬於日本人的著作），或這邊抄錄、
那邊抄錄即出版。因此，在各類資料閱讀上其相似度偏高，當

中如果有錯誤之處，抄錄者一樣繼續錯誤下去，就這樣著作依然出版問世。心情滿是百感交集，筆者也是常常依樣劃葫蘆的抄錄，此次痛定思痛特別花較長的時間揣摩泰雅爾族古典的神話故事及傳說故事，嘗試以現代思考及語言講述方式，將它所傳遞的哲學思考與現代意義，站在部落重新說給世界聽，重新讓世界瞭解。

　　我們要知道一個事實，那就是泰雅爾族古典的神話故事及傳說故事一直都在部落及其周圍世界，從來不曾離開一步，只是我們驕傲的以「現代人」自居將其棄之不用，也拋的遠遠地，似乎讓族人及世人難以觸摸，今天想起來好可惜。回顧過去，當人們遭遇理性主義思潮、科技及天然災害為世人帶來困境的時候，讓世人警醒，於是開始思考該如何提出因應與解決之道，在那樣的處境氛圍下，浪漫主義思潮應運而生並對其提出反駁。我們知道，當時各樣思潮正方興未艾交相辯證時，台灣原住民族卻似乎鴉雀無聲缺席了，可以說從當時的論戰到今天為止，仍然聽不到來自原住民族部落的聲音。其實，原住民族部落不應該懼戰或離開戰場，祖靈及祖先們曾為我們開疆闢地，留下許多的知識與生活哲學上的智慧，因此我們應該有足夠的能力面對與因應各種挑戰。幾世紀以來，各樣的社會思潮不曾間斷的衝擊保守的部落，族人總算度過那種黑暗及困窘，所謂「因應與反省」這些困境，其途徑原來就在咫尺的不遠處，隨手盡可觸摸地，那就是原住民族的神話故事及傳說故

事，這個既神秘、既精彩、既豐富與又多元意義的「故事」，它早已承載了泰雅爾族部落的寶貴經驗，這些生活哲學是具體呈現地，是每個族人所共同構築的社會思想並指導著我們的生活。

　　基於這樣的理解，筆者對「故事」進行將近一年的時間考察，目的乃是透過部落踏察與科學性對話的方式，逐一抽絲剝繭地將深埋於「故事」裡的人文的、哲學的或宗教的思考詮釋為現代意義並使其彰顯出來，與社會及世人對話。坦誠說，個人因受限於才學疏淺，現代意義之「詮釋」功力未臻成熟，謙卑地只是想拋磚引玉罷了，也自私地為自己尋找一個生命旅程之註腳，也唯有如此，才覺得在部落及其周圍世界裡存在而有些意義。

第二篇

影響泰雅爾族的想像
與故事的關係

一、台灣原住民族與世界南島語系民族的關係

　　台灣原住民族，泛指在十七世紀中國大陸沿海地區人民尚未大量移民台灣前，就已經住在台灣及周邊島嶼的人民。在語言和文化上屬於南島語系（Astronesian），原住民族在清朝時被稱為「番族」，日據時代泛稱為「高砂族」（Takasago），國民政府來台後又將原住民族分為「山地同胞與平地同胞」，為了消解族群間的歧視，在一九九四年將山胞改為「原住民」，後再進一步稱為「原住民族」。[1]

---

[1]　實際上，台灣原住民族的更名（由山地人到原住民、山地同胞到原住民族），

南島語系民族是指分布在東南亞中南半島上，以及印度洋中和太平洋島嶼的族群，這塊廣闊海域與島嶼東至南美洲西方的復活島，西至非洲東岸的馬達加斯加島，北起台灣，南至紐西蘭。包括印尼、菲律賓、馬來西亞、新幾內亞等，是世界上分布最廣的民族，大多數集中在東南亞地區，總人口數約有二億人。由於南島語系所涵蓋的區域廣大、自然環境差異、加上幾千年的歷史演變，形成豐富、獨特、多元的南島文化。根據人類學者的研究，南島語系民族的文化共同特徵，包括以山田燒墾方式農作，高架住屋以及地面保持距離，以避濕氣及蛇蟲；吃檳榔、善編簍、織布及狩獵魚撈等。而南島語系民族分布的最北端就是台灣，有不少證據顯示台灣和南洋群島的南島民族，千百來都保持交流往來，並非孤立的民族。目前台灣島上（含蘭嶼）的原住民族人數約有四四萬多人，約僅佔世界上南島語系民族人口總數的百分之〇・一一（0.11%）。雖然人口比例很低，但多項的考古研究推論，在古代南島民族起源和向南洋遷徙的過程中，台灣佔有關鍵性的地理位置，應該是數千年前南島語系民族擴散的起源地。今日其他南島民族區域先後遭到回教、基督教和天主教文明影響之際，台灣的原住民族則相對的保有和傳承了獨特的文化習俗。[2]

是經過原住民社運不斷地抗爭、衝撞及主動爭取來的，並不是國民政府出於自願，而是由於被迫釋出的權利。

[2]　http://www.tacp.gov.tw

二、台灣原住民族的起源

　　我們知道，台灣原住民族屬於南島語系[3]，在人種上屬於馬
來人。南島語族是世界上分布最廣的民族；分布的地區西起非
洲東南的馬達加斯加島，越過印度洋直抵太平洋的復活節島；
北起台灣，南到紐西蘭。台灣是南島語族分布的最北端。台灣
原住民族共有十四個部族，可略區分為原住民族和平埔族。原
住民族目前保有自己的語言、風俗習慣與部落結構等，不過也
正面臨急速現代化的問題。較不幸地是平埔族則大多已失去了
原有的語言及習俗。台灣「原住民族從哪裡來」的問題，學術
界一直是個可爭議的熱議題，抬面上各種主張都有其各自堅持
的觀點。國民政府曾經善用所謂的「學術觀點」大肆宣染，並
對原住民族加以箝制與控制，讓原住民族嚴重尚失本來的面

---

[3]　所謂的「南島」（Austronesia），是由兩個希臘文字的字根 austro- 與 -nesia 所
　　何組成而成，前者為南方之意，後者意指群島，所以我們將「Austronesia」翻譯
　　成「南島」（Wikipedia 2004；丁榮生 1999）。其中使用南島語系的區域包括
　　台灣、菲律賓、婆羅洲、印尼、馬達加斯加、新幾內亞、紐西蘭、夏威夷、麥
　　克羅尼西亞、美拉尼西亞、波里尼西亞等各地島嶼的語言，外加馬來半島上的
　　馬來語、中南半島上越南與高棉的查姆語（占婆語）和泰國的莫肯語（Moken/
　　Moklen）（中央研究院平埔文化資訊網 nd,a）。南島語系分布的區域很廣，語
　　言的數目也頗多，根據「Ethnologue」這個世界語言資料庫的資料，其總數有
　　1262 種之多（Ethnologue: Languages of the World 2004）。值得注意的是在
　　劃分為南島語系的區域內，部分的島上也有使用非南島語族的語言。以台灣為
　　例，除了有隸屬於南島語族的平埔族語言和原住民語言以外，同時也有存在不
　　同的漢語，比如說鶴佬語和客語（中央研究院平埔文化資訊網 nd,a）。

目，直到今天這個嚴重被扭曲的族群面貌，擁有著四不像的殘破臉頰，正在盡力恢復及癒合當中。其中在不同的主張之中，大致上普遍認為有兩種較強地說法：一是主張原住民族的發源地在島外，一是主張台灣是南島語族的祖居地。前一種說法極為普遍，學者從語言、考古、文獻資料、神話傳說等方面論證原住民族祖先的起源地應為大陸東南沿海。換言之，所謂地「原住民族的發源地在島外」，亦就是「北來說」，認為台灣原住民來自中國大陸；及所謂地「台灣是南島語族的祖居地」，亦就是「南來說」，認為台灣原住民來自南方海島。其中，學者甚至推測原住民族移入台灣的年代，例如賽夏族與泰雅爾族應是在公元前三千年的先陶時代即來台，排灣族和卑南族則應是在東南亞巨石文化興盛時期，移入台灣。後一種說法，是主張台灣是南島語族祖居地，是一種比較新的觀點，這是許多語言學家的研究結果，不過這些論點還有待進一步的研究。[4]

　　一八九五年後，日本學者鳥居龍藏、小川尚義等來台從事「台灣土著文化」研究，他們從語言、體質與文化層面來看，認為台灣土著文化與南島語系相同，因此主張「南來說」的觀點。然而之後的一九三〇年，另外的日本學者鹿野忠雄從出土的先史遺跡來看，認為台灣歷史文化屬大陸系成份較大，乃修正鳥居龍藏、小川尚義等人的說法，並主張早期生存於台灣的

---

[4]　參閱〈我的 E 政府〉http://www5.www.gov.tw/activity/200509group/cl.htm。

先民為中國大陸之移民，但與現存之原住民無文化、血緣之
關係，是為「北來說」。[5] 之後，又與上述的推論，相近地發展
所謂「南島民族擴散理論」，南島世界中，各族群膚色各異，
臉孔輪廓深淺不一，探究關於南島民族起源的南島人的擴散理
論，雖然目前多數人認為古南島語言最早居住於亞洲大陸，往
南及往東遷移至台灣、東南亞，其後並擴散至大洋洲。關於台
灣在南島民族擴散所扮演的角色，有些學者認為所有現存的南
島語族都是由台灣擴散出去，時間大約在六千年前。主張「台
灣原鄉論」的學者最受注意的是澳洲國立大學考古學家 Peter
Bellwood 和語言學家 Darrell Tryon 等人。他們認為：「南島民
族的第一波擴散是在五、六千年從中國南方遷移至台灣定居。
在那邊（台灣）經過一段時間安居之後，其中有一支可能是住
在台灣東南方的族群，向南擴散至菲律賓。從菲律賓再擴散至
婆羅州、蘇門答臘、爪哇等地，並擴散至其他地區。」另外，
無獨有偶地，洛杉磯加州大學知名的生理學教授 Jared Diamond
也來湊熱鬧，於二〇〇〇年在 Nature 發表一篇短文，認為：
「現存的南島語族最早應該是在台灣產生分化，最後僅有一支
向外遷移至其他島嶼」。美國的語言學家 Malcohm Ross 進一步
認為由台灣往南遷的「一支」是阿美族，因為：「Amis 這個名
字……似乎是從古南島語的 qamis（北方）衍生出來，這個名

---

[5]　淡江大學歷史系首頁，http://www2.tku.edu.tw/~tahx/shows/tas/1.html。

字可能是遷移到南方島嶼的族人，仍記得他們居住在原鄉（台灣）的親人」。[6]

可是，這個議題仍在如火如荼地爭論的時候，我們所熟悉的「原住民族從哪裡來」問題，近年來，學界興起「台灣是南島語族之原鄉」的有力說法，正受到遺傳學新證據的挑戰，在二〇〇〇年的月底，「美國國家科學會雜誌」刊載了德州休士頓大學人類基因中心學者宿兵與安德西爾等人的最新研究成果，指出印尼比台灣更有可能成為「原鄉」。這個研究小組包含來自大陸的學者宿兵、金力等十多人。他們檢驗了三六個來自台灣、東南亞、美拉尼西亞、波里尼西亞族群，共五百五十一位男性的十九個 Y 染色體遺傳指標後，獲得的結果推翻了考古學界近年來極有力的「台灣原鄉論」。學者們發現，從台灣原住民檢測出來的 Y 染色體單倍體基因型，卻不見於波里尼西亞人當中。然而所有在上述地區（含台灣）人們出現的 Y 染色體單倍體基因型，都能在現存東南亞族群中發現。也就是說在遺傳距離上，波里尼西亞等地的人們距離東南亞族群的人們比較近，距離台灣南島語族的人們比較遠。因此，Y 染色體的證據，並不支持台灣是南島語族原鄉的說法。[7] 換言之，在他們單

---

[6]　慈濟大學人類學研究所許木柱、陳叔倬著，《台灣真的是南島民族的原鄉嗎？》一文收錄於〈更生日報〉（慈濟專刊）http://tw.tzuchi.net/tccm.nsf/south-2?OpenPage。

[7]　陳希林台北報導〈基因研究否定台灣為南島語族原鄉〉，中國時報，民89.08.03。

倍體基因型研究，顯示東南亞可能是兩個地區南島族群共同的起源地。該文進一步使用三種不同的統計方法，計算三個地區的族群遺傳距離，發現東南亞族群和台灣及大洋洲族群的遺傳距離大約相等，但是台灣和大洋洲族群的遺傳距離卻相當大，大約是和東南亞島嶼遺傳距離的兩倍多。由此推論東南亞島嶼提供了兩支獨立的遷徙路線，一支往北遷至台灣，另一支則往東移入美拉尼西亞與波里尼西亞。[8]

　　為了更確認檢體數量與單倍體基因型之間的關係，陳叔倬用同樣的方法，於二○○一年檢測更多台灣原住民各族的樣本，其結果和宿兵等人的研究相當一致。因此宿兵等人所提出的假設：南島族群起源島嶼東南亞，分批多向遷移至台灣及大洋洲，是相當具有說服力的推論。所以許木柱教授以為目前已經出現的遺傳基因資料顯示，「台灣是所有南島民族原鄉」的論點缺乏足夠的科學證據。相對的，他們和國內一些考古學家的觀點一致，認為台灣南島民族的起源極可能是多元複向擴散的結果。[9] 許木柱和陳叔倬在另一篇《台灣原鄉論的震撼——族群遺傳基因資料的析》文章的再度重申：這一些震撼台灣原鄉論的資料，主要來自遺傳基因的分析，但是並非所有的遺傳基

8　許木柱、陳叔倬著，《台灣真的是南島民族的原鄉嗎？》一文收錄於〈更生日報〉（慈濟專刊）http://tw.tzuchi.net/tccm.nsf/south-2?OpenPage。

9　許木柱、陳叔倬著，《台灣真的是南島民族的原鄉嗎？》一文收錄於〈更生日報〉（慈濟專刊）http://tw.tzuchi.net/tccm.nsf/south-2?OpenPage。

因的分析都指向這個結論。至目前為止，被用來探討南島族群起源的基因資料，除了 Y 染色體之外，還包括紅血球血型、人類白血球抗原（HLA）、微衛星體（microsatellite）、粒線體 DNA（mtDNA）等。值得注意的是，利用不同的指標所得到的結論，往往有相當的差異。[10] 國立自然科學博物館人類學組主任何傳坤說，德州大學的華裔學者宿兵等人以 Y 染色體遺傳指標，得出台灣非南島語族原鄉的看法。但是他們的標本有缺陷，只分析了台灣的布農、泰雅爾、達悟、排灣、阿美等五個族群。該批標本既未涵蓋台灣其他原住民族，則以這種標本做出來的結果，可能會影響後來的解釋。何傳坤認為，現在既然考古上、語言上、遺傳學上對於「台灣是南島語族原鄉」的說法兜不攏，則德州大學的檢體若能交由不同的實驗室進行分析，得到相同的結果就是極為有力的參考。[11] 我們必須承認「台灣是南島語族的原鄉」，這樣的主張，現正被遺傳學提出的新證據所挑戰，但我們亦支持國內學者所提出的看法，那就是如果同樣的檢體交給不同的實驗室，仍能獲得相同的結果，才是最有力的參考資料。

　　除此之外，筆者將著名的台灣歷史學者李筱峰及台灣文史

[10] 許木柱、陳叔倬著，《台灣原鄉論的震撼——族群遺傳基因資料的析》一文收錄於 http://www.Ling.sinica.edu.tw/epi/FILES/journal/2007.3.9.90891664.311344.pdf。

[11] 陳希林台北報導〈台灣原住民起源三年內解謎〉，中國時報，民 89.08.04。

工作者劉峰松等二位，對「原住民族從哪裡來」之觀點詳述如
下，提供另一個不同觀點之思考：

　　在荷蘭人及大量漢人移入之前，即已居住在台灣達數千年
的土著民族到底該稱為「原住民」或「先住民」？這是個見仁
見智的問題。主張稱呼「先住民」的人認為，那些土著民族原
先也不是居住在台灣，而是從外地移入的，所以不該稱「原」
住民。如果照這樣說，全世界有哪一個種族或族群是一直（可
遠溯到猿人時代）住在同一地點而不移動的？稱「原住民」並
非表示其不曾遷徙過。但是，相對於僅移入台灣三、四百年，
甚至僅移入四十年的族群來說，居住在台灣已達數千年的族群
當然有資格稱為「原住」民了，雖然仍保留「原住民」的稱
呼。然而，台灣原住民到底來自哪些地區？那些為了求政治上
的「統一」特別喜歡強調「台灣與中國一體」的人，最喜歡聽
到的答案是：「台灣的原住民來自中國大陸」。這個答案只要不
用全稱命題的話，不能說沒有其部分可能性（當然其可能性不
是基於「統一」的政治主張，而是根據考古學的研究成果）。
考古學者劉益昌指出：「從舊石器時代晚期到新石器時代中期
大坌坑文化的時期，台灣和華南的關係密切，甚至同屬於一
個文化。華南新石器時代晚期，即台灣的新石器時代中、晚
期，華南、台灣間關係仍然相當密切，有部分移民互動的往
來，……」；考古學家張光直也曾認為，台灣西岸中南部新石器
時代文化是自大陸分別渡海而來，可能與現代台灣土著民族的

祖先文化有極密切關係。[12]

　　然而，從語言的觀點來看，問題來了，台灣的原住民（包括平埔族）所使用的是南島語系（或稱印度尼西亞語系）。而現在大陸華南並非使用南島語系，反倒是太平洋區域住民（像印尼、馬來西亞、菲律賓、玻里尼西亞……等等）的語言才同屬於南島語系。台灣原住民若來自華南，為何語系截然不同？所以，從語言學出發，有人認為台灣原住民為南方島嶼民族的延長。再從語言的觀點之外，有人從體質人類學的調查，認為台灣的原住民，是典型的馬來人種。另外，又從古文化特質來看，認為台灣原住民的紋身、缺齒、拔毛、口琴、織具、卉服、貫頭衣、腰機紡織、父子連名[13]、親族外婚、老人政治、年齡分級、獵首、鳥占、靈魂崇拜、室內葬等，都是印度尼西亞文化的特質。因此，認為台灣原住民來自南方。[14] 正當國內外學術界，不停不斷地研究及發表所謂地「北來說」、「南來說」、「西來說」以及最近的德州大學的研究推翻「台灣原鄉論」時，對於已經在台灣生存上千上萬年的泰雅爾族來講，在被發現的「遷徙」、或「擴散」的歷史演進中，坦誠說，泰雅爾族之部落與文化脈絡中自始至終都沒有所謂的「海」、與「船」

---

[12] 李筱峰、劉峰松著，《臺灣歷史閱覽》（台北：自立晚報，1998），P.014~015。

[13] 從泰雅爾族的文化觀點來看，正確的說法應是子父連名，如 Laysa Akyo（萊撒 · 阿給佑，萊撒是孩子，阿給佑是父親）與所謂的父子連名有些差距。

[14] 李筱峰、劉峰松著，《臺灣歷史閱覽》（台北：自立晚報，1998），P.014~016。

的概念 [15]；語言上或傳說（神話）上從來不曾聽聞過「海」、與「船」為何物，今天所使用的「海」、與「船」，不僅是現代文明的產物、亦是近代的史誌資料。泰雅爾語 Bsilung 意指看的見邊域的洪水 [16]（與一望無際的海不同）。在古典的傳說（神話）上的也唯有傳講關於洪水的故事，卻不是「海」、與「船」相關的故事，因此，泰雅爾族在整個歷史文化及上述的遷徙過程，我們很難想像乘「船」、越「海」而遷徙，有的是英明的先祖於高山群嶺所留下艱辛腳蹤。這樣的情形，就泰雅爾族的歷史及文化是非常難以解釋，幾千幾萬年幾次的遷徙如何與散居於世界東南、西北的南島語族牽連，或是泰雅爾族的發源地。事實上，學術界與文化界也瞭解，台灣原住民族中有好幾族根本一直都沒有和海洋扯上任何關係，而且原住民族主要的原始分布地都在海拔一、兩千公尺以上，這說明了台灣原住民族基本上一直居住在高山上，在很早以前也源生在台灣。[17] 從亙古的部落瞭解與相傳的神話（傳說）中也僅僅是關於 Pinsbkanm 與大霸尖山，以樹根型狀態由同一主體擴散各自遷徙至今天的部落，

---

[15] 李福清（B.Riftin）著，《從神話到鬼話》（台中：晨星，民 87），P.27。

[16] 依據行政院原住民族委員會委託喬健博士《台灣南島民族起源神話與傳說比較研究》（台北：原民會，民 88）P.139 的研究獲知，由於地地球最近的一次間冰期距今約為 15 萬～5 萬年，其後一次全球性的冰間期距今約在 5 萬年～1 萬年（陳國強 1993:22～24），因此有可能（如果有的話）在此期間有一次大洪水，泰雅爾族如因洪水的原因來到台灣，那麼他們至少在一萬年前即來到台灣了。

[17] http://web.thu.edu.tw/chling/www/prehistoric.htm

其更成為泰雅爾族群生命史的延長，生生不息，泰雅爾族先祖說：「qutux puqing kinhulan ta kwara」（意思是說：我們都同屬於一個起源的民族）。

第三篇

泰雅爾族故事的傳播環境
與遷移的濫觴

一、泰雅爾族群論述

　　站在台灣歷史的經緯上來看，不論國內外學者怎麼考證、分析及詮釋，國家政府挾權統治，奪取原住民族幾千幾萬年艱辛徒手開疆闢地的傳統疆域，有一個事實絕不會也不可能改變，那就是台灣原住民族的存在，雖然長久以來一直被欺凌、被宰割，歷史也輪不到原住民族寫、歷史詮釋更不在原住民族手中，但都比任何的外來政權及其他族群先來到台灣進行開墾與發展。台灣早在漢族移入以前已有原住民族，泰雅爾族便是其中之一。族名「泰雅」是日治時代人類學家伊能嘉矩於西元

一八九九年命名的。[1]但在一八六五年起即開始在台灣從事宣教
事工的台灣基督長老教會所屬的泰雅爾中會覺得「泰雅」的翻
譯不夠完整，也未充分表達其正確的譯音、及未能親近該族群
的情感。因此，正本清源的自始至終使用 Tayal（泰雅爾），並
強烈要求台灣政府及社會、甚至是全世界尊重泰雅爾族使用的
語言及其符號。

　　自古以來，泰雅爾族因驍勇善戰而著名，男女於面部刺墨
文面為特徵，故清代稱為「黥面番」[2]，今稱文面。傳統的社會體
制乃以血緣為基礎，形成受 gaga 規範與引導的部落團體，就目
前十四餘族的原住民其人數來看，泰雅爾族應為台灣第二人數
多的民族；就分布的面積與區域來看，泰雅爾族是台灣原住民
族當中分布最廣的一族，幾乎佔去台灣山地的三分之一強，大
致上是台灣的一半從南投、台中、苗栗、新竹、桃園及台北、
宜蘭等區域連成一個中北部山區，這些都屬於泰雅爾族的分布
疆域；以泰雅爾族傳統區域劃分法 Llyung（河川流域）觀之，
其中包括濁水溪、北港溪、大甲溪、大安溪、後龍溪、大漢
溪、蘭陽溪、南澳溪、和平溪、及中港溪等主流及支流流域。
泰雅爾族是台灣分布最廣與發展時間最早的原住民族，歷史上

---

[1]　張致遠文化工作室編，《苗栗縣泰雅族文化史（期末報告）》（苗栗：文化局，民91）P.54 及伊能嘉矩與栗野傳之在 1900 年合著的《臺灣蕃人事情》一書為台灣土著民族分類時，首先以「泰雅」為族名。

[2]　所謂「黥面」後面加上一「番」字，不論怎麼解釋，事實上帶有嚴重地族群歧視之義涵。

對於台灣的開發有著深遠及不可抹滅的重要影響。

今天，族群歸類上，與傳統的族群分類已經產生重大的變革，是對外來政府及學者的嚴重否定、對其長期以來的漠視與一意孤行做出明確之裁判，傳統上被歸類於泰雅爾族的 Truku（太魯閣，人口約為 23,492 人）於二○○四年一月十四日、及 Seediq（賽德克，人口約為 6,000~7,000 人）於二○○八年四月二十三日經過該族群的凝聚、申訴、社運、抗爭及權利爭取，終於經由行政院正式核定為一個族群，獨立出來並成為台灣原住民族的其中一族。[3]

由於泰雅爾族分布區域之遼闊，各流域地區的語言及風俗習慣迥異，因此學者常把泰雅爾族分為若干群，但是亦出現不同的學者有著不同的分類方式。不論各種分類為何，都絕不影響泰雅爾族為最早存在於台灣的事實，早在數百數千年前就已居住於台灣中北部地區、山地及其淺山一帶，根據學者的分析推斷，泰雅爾族在台的時間可能有五、六千至一萬年了[4]，因為 Truku（太魯閣）及 Seediq（賽德克）已分別從泰雅爾族獨立出來，根據相關文獻記載的發源傳說、社會組織、語言及風俗習慣等的差異，泰雅爾族今可分為 Squliq（賽考利克）群及

---

[3] 維基百科，自由的百科全書，http://zh.wikipedia.org/w/index.php?title=%E6%B3%BO%E9%9B%85%E6%97%8F%&variant=zh-tw#.E7.BO.A1.E4.BB.8B。

[4] 張致遠文化工作室編，《苗栗縣泰雅族文化史（期末報告）》（苗栗：文化局，民91）P.54 及依據行政院原住民族委員會委託喬健博士《台灣南島民族起源神話與傳說比較研究》（台北：行政院原民會，民88）P.139。

S'uli（澤敖列）群，此二群屬下又細分為七大系統的二十二個部群。

正如前述所言，泰雅爾族在台灣原住民族群中擴散最為遼闊，包括中部的南投及台中，往北部的苗栗、新竹及桃園、台北，及向東的宜蘭等縣都有泰雅爾族的部落，其傳說的二處起源地為：

其一、位於今南投縣仁愛鄉發祥村瑞岩部落附近的 Pinsbkan（賓斯浦幹）巨石。

其二、位於苗栗縣及新竹縣交界的 Papakwaqa（大霸尖山）。

由此觀之，泰雅爾族聚落不僅分布廣闊分散，樹根型態的分布亦深且長[5]，從海平面至海拔二千公尺，約百分之六十的聚落都分布在五百到一千五百公尺的山區，部落總數約在二百至三百之間。分布區域自新店溪，大漢溪、中港溪、後龍溪、大安溪、大甲溪、北港溪、濁水溪等，乃至越過中央山脈，由上游逐漸向下游擴展，約有三分之一強的台灣山地面積，都留下早期泰雅爾族祖先開疆闢地的痕跡與史實。泰雅爾族的遷徙並非放棄原有的部落祖居地，而是留一部份的族人，緊守祖先

---

[5]　關於泰雅爾族擴散的觀點，一般學者或文化工作者都一致持著「縱橫論」或「垂直論」，但從泰雅爾族的看法並非如此，不論起源地由 Pinsbkan（賓斯浦幹）、或由 Papakwaqa（大霸尖山）都同樣以「樹根型式」逐漸往各流域地區擴散；從地圖上嚴謹理性來看，泰雅爾族的起源地並非「縱」或「垂」而來，如果勉強用「縱」或「垂」來斷定泰雅爾族的起源，那會變成無數個起源地。

的發祥地；一部份則由於人口的增加、族系的繁衍、新獵場的探求及新耕地尋覓；以及另一部份成立（giqas qalang）新的部落，成為一個大族群。泰雅爾族的遷徙在不同的年代，因著不同的因素進行大規模的遷徙，大致可以分為幾個時期：[6]

01. 發現泰雅爾族在台灣[7]／早期源流期：

　　約在五、六千年前，泰雅爾族的祖先抵達台灣西部平原、台地，在沿著溪谷流域進入山區居住，初始居住於今南投縣境內之深山，拓展至今台中、苗栗兩縣境。

02. 清朝統治台灣／山區擴展期：

　　在泰雅爾族的遷徙史上，是以清朝時期最為活絡，分別由南投縣或台中縣的山區，向北及向東各溪谷中移動，所擴展的區域最遼闊，幾乎佔據了台灣中北部的平原及山區，特別在每一個山區溪流的溪谷，泰雅爾族的原始部落到處可見，其遷徙的主要原因為人口的增加、族系的繁衍、新耕地的尋覓及清朝防堵與開山撫番政策的影響。

---

[6]　可參閱自廖守臣著，《泰雅族的文化——部落遷徙與拓展》（台北：世新，民73）P.9~10 及張致遠文化工作室編，《苗栗縣泰雅族文化史（期末報告）》（苗栗：文化局，民91）P.54 之撰述，筆者因不能完全接受該文內的表述，稍作小幅度的修改。

[7]　對於泰雅爾族是否果真學者所倡導的屬於馬來人種，又是哪個年代由何處遷徙而來，泰雅爾族採保留態度，可參見中央研究院民族學研究所編譯，《臺灣總督府臨時臺灣舊慣調查會番族慣習調查報告書〔第一卷〕泰雅族》（台北：中研院民族所，民85），P.18. 另外，一般學者所使用的「大陸渡海來台」時期之觀點，筆者同樣採保留態度，因此以「發現在台」來描繪當年狀況。

03. 日本統治台灣／日治迫遷時期：

　　日治台灣之時，鑑於原住民族部落久居山區不易管理，實施「五年理番計畫」及水田地耕，部落由日警執行「集團移住」，迫使遷離原居地，形成新的部落。

04. 台灣光復時期／國民政府統治時期：

　　台灣光復以後，由於山區土地貧瘠不適合耕種，政府積極開發山地資源、加強山地交通建設等因素，以及為防備天然災害上的需要，由政府輔導遷移到生活條件較好的地區，或族人自動請求遷移。至此，泰雅爾族聚落日漸穩定，不再有大規模遷徙變動。

　　其次，比較古老的泰雅爾族的部落社會通則，gaga 為整個部落社會的主軸及引導。泰雅爾族祖先的遺訓稱 gaga，是部落文化最重要的規範，gaga 的內容，雖然很難用現代知識及語言傳譯，但我們可以勉強整理為：嚴格的紀律、禁止偷竊、不可以違逆父母（要孝順父母）、不可以欺壓人（要與人和睦相處）、及不可以造謠滋事等等。Gaga 規範的範圍，是整個部落，如果有人觸犯 gaga，每一個部落的成員都可能受到 utux 的懲罰，所以部落有人生病代表部落有人犯罪，但並不一定是生病的人本身犯忌。這時就必須請 phgup（巫師）用竹占找出到底是誰犯忌，讓部落的人受害生病，確定是誰犯忌之後，phgup（巫師）仍繼續用竹占問 utux 如何贖罪？是用米、還是用供

奉的儀式？由犯忌者提供雞冠、雞肝或是豬鼻，作為祭品來祭祀 utux。如果是觸犯姦淫或離婚則是大罪，會影響整個部落的人，這個就必須用宰豬殺羊（或宰豬殺雞）的方式祭祀 utux，並向部落所有的人賠罪。我們當有所瞭解，泰雅爾族的 gaga 在傳統部落社會生活中，確實發揮規範的作用，其就如同當今的國家法律一般，每個部落每個族人都唯有遵行沒有違反的餘地，亦絕沒有投機或倖免的心理。

我們可以說，泰雅爾族之所以能成為最古老的民族，能在風雨飄搖中艱辛地承繼祖先們的腳蹤，維繫的是有一個極嚴密的部落社會組織、與社會記憶、以及文化的認同；一個是 gaga 的組織、一個是社會的組織，以及文面的歷史與集體記憶，此等造就並鞏固了社會文化的屹立不搖。約略述如下：

一、gaga的組織

傳統的泰雅爾族部落裡，有著幾個重要的團體（此名稱我們雖不贊同也不接受，但在部落尚未有共識，及目前還未有一個較妥適的翻譯用語時，我們忍痛地暫時使用），其分類如下：

1. 共同祭祀祖先的團體，也就是以血親關係凝聚的共同祭祀團體。

2. 分配獵物的團體。

3. 分配的人所提出的物品，或將豬宰殺後分食的團體（多半是分配給各家，由家族共食）。

　　以上三個團體總稱為 gaga（qutux niqan），其可視為一種血親團體，由一社具有宗族關係的家庭所組成，也就是擁有共同血統的團體組織，原則上這個團體裡的人不能通婚，但若為其他部落或語系前來加盟的人，則無此限制。我們也瞭解，這個時候 gaga 乃是為了舉行共同祭祀與狩獵活動而組成的團體，因此成員在同一天舉行祭儀，並且遵守種種禁忌，其祭司者都由 mrhu 擔任。gaga 亦是遵崇古制的祭祀團體，然而它也擁有政事團體的性質，因為政事根本存在於祭祀信仰中，清晰可見地，泰雅爾族深受 gaga 的影響。[8]

　　另外，筆者想討論的是 gaga（泰雅爾）與部落的關係，最初應是一社（部落）構成一 gaga（泰雅爾）的，但隨著部落人口的膨脹，促使家族遷徙分散，以致從原來的社（部落）分裂成好幾個社（部落）。在分社（部落）之際，gaga（泰雅爾）也隨之分裂，另一方面也有部落內部自己發生 gaga 分裂的情形。實際上可區分為：部落與 gaga 一致；數社共同構成一個 gaga；數個 gaga 構成一個社的三種情況。然而，gaga 在泰雅爾族的部落中，其承載著極為重要的社會規範。我們可以這樣的瞭解，gaga 是泰雅爾族舉行公共祭儀的中心集團，gaga 在很多情況下被譯成「祖訓」、「舊慣」，舉例來說，大家所知道的，獵首被稱為 m'gaga，是從「進行舊慣」的原語意而來的。但是，這裡所說

---

[8]　鈴木質著，王美晶譯，《台灣原住民風俗》（台北：原民文化，1997），P.69~71。

的 gaga，應該解釋成根據祖訓而被構成的基本社會組織。尤其 gaga 的原意是指有很多咒術宗教上限制的習慣。換言之，其背後包含了預測神靈，特別是祖靈的監視及制裁的傳統性規定。如何也充分暗示了身為社會單位的 gaga，在祭禮上的重要性。[9]

　　gaga 的構成份子，以一個或二個近親群為核心，再加上其他遠親族或姻親，以及一些不在系譜上的人組成。每一個 gaga 有一個領袖（主導者），通常是組成 gaga 的核心，近親群中年長者來擔任。當然 gaga 是最主要的儀式團體，所以和基本生產方法有關的儀式（像播粟祭、祖靈祭或農業相關的祭祀等），都由 gaga 成員共同舉行，他們恭恭敬敬、虔虔誠誠的舉行祖傳的儀式，遵守一切禁忌，不違背祖訓、不觸怒祖先。gaga 的領袖（主導者），基本上是儀式的執行者，也就是司祭者。所謂「司祭者」的責任，是推算曆期、主持祭禮、並引導各種生產工作，是遵守祖先遺訓的表率。

二、社會的組織[10]

01. 部落組織
　　泰雅爾族人落腳聚居的番社、集數個家族而成為一個部

---

[9]　古野清人著，葉婉奇譯，《台灣原住民的祭儀生活》（台北：原民文化，2000），P.148~149。

[10]　可以參閱王梅霞著，《泰雅人》（台北：三民，2006），P55~78 及 http://media.ilc.edu.tw/5y/TC/505/5053.HTM 的相關敘述。

落，部落或部族的結合，對外確實的聯合，為著共同利害關係
實行攻守同盟。泰雅爾族以泛血親群為構成部落的基礎，由
部落內的家庭分布和家庭與地域關係來看，有集中若干聚居的
地區，每一區有若干個小聚落。在部落領袖的制度上，泰雅
爾族絕對是以德高望重的老人統治為原則，各部落在頭目（日
本時代的用語）之下，設有長老會議的組織。泰雅爾族的部落
領袖，常由部落中最強大的世系群長老、或祭團領袖擔任。
部落的政治、軍事和司祭權，在平時政治與作戰的指揮權是分
開的。但偶有頭目兼攝軍事指揮權，部落祭司和政治首長一般
是分權的。司法權方面，民事問題大都採取協調制度。刑事方
面，小問題由頭目和親族之間來談判調解，大事則由部落會議
公開審判定刑。

　　事實上，泰雅爾族的部落組織大抵有共祭、共獵及共負罪
責的社會功能，但其領域範圍卻不一定與祭團（qutux gaga）、
獵團（qutux litav）、或罪責群（ofox niqan）相一致。當部落組
織與祭團或獵團相一致時，祭團族長或獵團之首長即為部落之
頭目，稱 mrhu。若部落中有數個祭團，則擁有最強大祭團族長
為頭目，日據時期受政府委派，其繼承則以世襲或選賢更迭，
世襲採長子繼承與兄終弟及方式。頭目之下有長老會議，凡有
祭祀、出草、出獵、部落審判等公務，必須經由部落會議商定
後，始能執行。部落中獵團常常與祭團一致，其成員有　個獵
區，有軍事及訓練之功能。領袖由勇武具領導才幹者擔任，為

出草時之指揮官，平時權力與部落頭目相近，但遇有大事仍須由長老會議議決始能進行。另一方面，在部落組織上，常因地緣關係、族群關係或經濟、防衛之需要而聯合成部落同盟，通常以同流之社群、血緣相近或社地毗連為主。部落同盟組織之領導，由各部落間選出強大部落之族長為盟長，無世襲制度，事實上僅在各族間之公共利益發生衝突時方得發揮其效用，平時社民受組織之影響大概僅及於部落組織，實際上可說是以祭團（常與部落組織一致者）為主的社會組織。[11]

我們要瞭解，泰雅爾族人稱部落為 qalang，意指「一群人聚集在一起[12] 蓋房屋、耕作及生活，共同遵循一個 gaga」。在殖民時代日本殖民政府強制種植水稻之前，當地人因實行山田燒墾而不斷地遷移。因此，qalang 不同於現代「地域範圍固定的社區」概念，而是「邊界富有彈性的社會範疇」，新成員可以透過參與地方人士會議[13]（Pinslyan 或 Pinkyalan 直譯為部落會議更為貼切）或儀式等方式整合成為部落的一份子。部落會議是討論部落重要事宜（如決定播種祭、收穫祭及祖靈祭等的時間）、及解決紛爭的主要場合，由每戶各派一名代表參與，這

---

[11]　自然與人文數位博物館 http://digimuse.nmns.edu.tw/。

[12]　依照王梅霞對泰雅爾族部落 qalang，意指「一群人聚集在一起」的瞭解是不夠地，qalang 裡面應該有這一群人住的房屋、一群人一起耕作、及一群人也共同遵守 gaga 的所有規範及引導。

[13]　所謂的 pinslyan（地方人士會議）翻譯的並不妥善，直接譯為部落會議更為適合，因泰雅爾族傳統部落沒有所謂的地方人士，部落內都是泰雅爾族人，何來「地方人士」呢！

名代表通常是男性戶長，如果家中沒有成年男子時，則女性戶長也可以參與，但女性通常在會議上不發言。如果某戶經常不參與部落會議時，則不被承認為部落成員，甚至可能遭到排擠或驅逐。[14]

02. 親族組織

　　台灣原住民族的親族組織制度，有氏族社會與氏系群兩種。若按血統嗣關係，還可分為父系的、母系的和雙系的三種型態。世系群社會可以分為父系世系群、母系世系群和雙系世系群等，而泰雅爾族是屬於父系世系群。在台灣原住民族社會裡，因親族群和地域群之間，還有一種以祭儀行為為基礎的團體，部落的收割祭、播種祭、狩獵祭及祖靈祭等皆是。世系群社會的祭團、組織，常有大於氏族的廣泛血緣為基礎，像泰雅爾族的 gaga 就是泛血緣關係，其中雖有部落內的或超部落的兩種區域範圍，但同為祭儀群和禁忌群，而每一個祭團都有一位司祭兼族長。家族在原住民各族中都是親族組織的基層單位，只有在氏族社會（無論是父系或母系），都傾向大家族。可是在世系群社會裡，則傾向核心制或小家族制。在家長制度上，父系氏族社會常以父系尊長為家長，世系群社會則以注重長子權，以承嗣家系者為家長；在母系氏族社會中，母權常與舅父權相互並行。但母權的範圍被限制在家族，而舅父雖已出贅，

---

[14]　王梅霞著，《泰雅人》（台北：三民，2006），P.56。

對於母家的事務仍是有權干預。

我們也可以這樣說，泰雅爾族的親族組織，各社群具有其結構上的差異，基本上為父系社會，家系原則為子女從父制，命名為父子連名制（更正確地來講，應為子父連名制），子名在前，父名在後。家族的原始形態為分居、共財之聯合家族制。家族由以父母夫妻與子女等三世代親屬或二世代親屬形成，男嗣娶婦則分居，父從幼子養老。但一般而言，男嗣娶婦分居並未成立一新家族單位，僅可謂之分戶。而幼子養老雖承受其父母之居室，但仍以長兄為家長，財產、祭祀、耕作單位並未分割，而呈現聯合家族之形態。家長權以長嗣繼承為主，長子死則兄終弟及。[15]

一般來講，泰雅爾族並沒有階級性的社會階層，該族雖然以父系社會為主軸，但強調平權與個人能力表現。我們可以這樣講，泰雅爾族在部落正式的領袖雖然都是部落社會的代表及象徵，也有足夠的權力來維持部落的秩序及承擔社會的責任，之外也有些部落領袖為世襲者，其功能亦是部落的代表及象徵。整體而言，泰雅爾族領袖主要是依照個人能力被推舉出來的，因此領袖並不會被某一個特定團體永久地把持，也無法形成明顯的社會階級。由於部落領袖的權力來自個人之影響力，在治理上幾乎只能依據面對面的個人接觸方式來運作，所以傳統的部落社會組織缺乏制度化的官僚機構來來輔佐，也不易發

---

[15]　自然與文文數位博物館 http://digimuse.nmns.edu.tw/。

展成較大且複雜的部落。依照日治時期的岡田謙對台灣各原住民族每社平均人口之比較，泰雅爾族一社平均為 37.93 戶，部落單位很小且有許多是由幾個敵對的 gaga 區域（qalang）所組成，部落內的割地成為其特色，使其部落的整合性更形薄弱。[16]

三、文面的歷史與集體記憶

　　泰雅爾族為具有長久文面習俗與傳統的原住民族之一，除了形式相當複雜細密，具有皮膚文飾的美感外，泰雅爾族的文面，在功能上更包含族群識別、成年禮、避邪繁生、褒揚男子英勇與女子善於織布等多重意義。筆者曾經在部落中聽到一位耆老說：「你仔細看，泰雅爾族的文面與衣服上的編織紋路一模一樣，這一件衣服是媽媽或妻子親手為你做的，在部落中穿上的時候，內心有種無比的光榮感與無限感恩。記得母親曾經對我說，泰雅爾族的文面習俗，不僅僅承載著漂亮美麗，也像在告訴我們絕不可以違逆 gaga 的禁忌，否則會被祖靈懲罰、被人嘲笑。」泰雅爾族人相信，除了文面師的技術和道德外，受文面者的貞節與否也是文面能否成功的因素。[17] 從這一位耆老的話所傳遞的訊息，可說是不言可喻地再清楚不過了，泰雅爾族的

---

[16]　王梅霞著，《泰雅人》（台北：三民，2006），P55~56。

[17]　據說泰雅爾的女子如果在紋面之前，已偷食禁果與男子發生性關係，這個文面就一定失敗，因為婚前與人發生性關係的行為，是項嚴重違背泰雅爾族的禁忌。

文面習俗（是重要的生命禮俗、文面的禮俗、儀式與禁忌等），
除了雕塑漂亮美麗之外，更建構了部落與族人的倫理道德，任
何人都不可輕忽、不能加以違逆或破壞。文面之所以能成為泰
雅爾族人最重要的文化、及族群特徵的意義也就在此。

　　泰雅爾族人的文面習俗，在清代與日治時期漢人慣稱泰雅
爾族為「鯨面番」，當時文獻上所使用的形容詞盡都是負面意
義，充滿了民族優越之下的強烈鄙視、人不如動物看待，如清
郁永河《裨海遊記〇卷境補遺》記載：「斗尾龍岸番，皆偉岸多
力，既盡文身，復盡文面，窮奇極怪，狀同魔鬼。」陳叔均編纂
之《葛瑪蘭廳志》記載宜蘭境內的泰雅爾族人文面習俗：「吧哩
沙南，額刺王字者尤逼近尤凶惡。」……不是「奇怪」、「魔鬼」、
就是「凶惡」等等，此類名詞不僅形容面部刺文，亦含有對於
文面習俗的歧視與貶意。相較之下，許多泰雅爾族人認為使用
「文面」一詞較為貼切。[18] 文面對於泰雅爾族人如此重要，其儀
式與過程自然也深被泰雅爾族人所重視，然而日本政府自一九
一三年下達禁令，以沒收文面工具、禁止文面師行文術、處罰
當事人與父母等手段，意圖徹底根絕文面的「陋習」、「惡習」。
在這種情況之下，文面從個人生命禮俗中驕傲的成年禮，轉換
成非法的秘密活動，一切過程只能私下進行。許多父母希望在
日本人徹底禁止之前，能為子女完成文面，只好偷偷進行，不

---

[18]　自然與人文數位博物館 http://digimuse.nmns.edu.tw/。

再兼顧儀式和禁忌。最後一代受文面的泰雅爾年輕人，他們文面的年齡大幅提前，許多女子甚至在初經之前便被要求接受文面，這樣的情形在以前是完全不被允許的。[19]

二、泰雅爾族群的遷移濫觴

　　我們都知道，台灣原住民族過去的歷史絕大部份都沒有文字的記錄，造成一連串的問題幾乎無解，例如南島民族（原住民族）在台灣的遷移情況為何？南島民族什麼時候來台灣的呢？南島民族從什麼地方來到台灣的呢？直到三百多年前才慢慢開始有一些文字的記錄，特別在荷蘭時期（1624-1662）台灣部份平埔族才有較詳細和可靠的記載。[20] 在這一節當中，我們要討論的是身為台灣最古老的民族──原住民（泰雅爾）族的遷移起源。而談到泰雅爾族的遷移起源，就不能不從整個南島民族的擴散的面向講起，這一點極為重要，因為泰雅爾族與其他南島民族有著不可分割之緊密關係。筆者要從語言學（李壬癸的著作）的立論基礎，作為描述泰雅爾族遠古時期的遷移起源。

　　近幾年來有兩位重要的學者，一位是語言學家白樂思（Robert Blust），他在一九八五年發表一篇文章，認為古南島民

---

[19]　自然與人文數位博物館 http://digimuse.nmns.edu.tw/。

[20]　李壬癸著，《台灣原住民史語言篇》（南投：省文獻會，民 88），P.56。

族的起源應該是在台灣，並由台灣開始擴散的。白樂思的論證建立在這兩個基礎上：第一，台灣地區的語言佔整個南島語系的四大分支的三支，因此這個地區的語言最紛歧，也最有可能是原始居留地，第二，最新最全的語言資料顯示，古南島民族日常生活所接觸的動植物，都見於台灣島上的各種地形和氣候。古南島民族的起源地大概在溫帶，而不是柯恩所說的熱帶地區[21]。這個觀點現在有越來越多人相信，考古學家貝耳悟得（Peter Bell-wood）在一九九一年的七月，在 Scientific American 雜誌發表一篇文章，完全採用這個看法。他推論南島民族分七個階段擴散開來，最初從台灣開始，距今約五千年。[22] 南島民族的擴散是由台灣向南、向東、向西擴散。年代最晚的是馬達加斯加島（約在 A.D.700）和紐西蘭（約在 A.D.800，也有人認為在 A.D.1000~1200）根據挪威學者 Otto Dahl（1991）著書推論，馬達加斯加的南島民族是由婆羅洲南部移過去的。而南島民族大約在五千年前才從台灣開始擴散，擴散的時間不是很長，共約只花了二千多年，就已擴充到大致像今天這麼廣大的區域了。[23]

　　南島民族在台灣島上的遷移、擴散及演變，現存台灣南島民族最先落腳的地方，大概是在台灣中西部的平原和山地，也就是現今南投縣及其附近，因為最古老的語言直到近代大都集中在這

[21]　李壬癸著，《台灣原住民史語言篇》（南投：省文獻會，民 88），P.18。
[22]　李壬癸著，《台灣原住民史語言篇》（南投：省文獻會，民 88），P.30。
[23]　李壬癸著，《台灣原住民史語言篇》（南投：省文獻會，民 88），P.30。

一個地區，包括：泰雅爾、鄒、布農、邵、巴則海、洪雅、貓霧等等民族。不同的族群後來才分別逐漸向北、向東、向南擴散和遷移。有些族群的遷移和擴散只是最近二、三百年的事，泰雅爾族從南投縣仁愛鄉發祥村（瑞岩）向北和向東擴散，而布農族也從南投縣信義鄉一帶向南和向東擴散，前者侵佔了賽夏族的很多地盤，而後者卻侵佔了鄒族的大部分地盤。同樣地，排灣族、卑南族和阿美族也是向南逐漸擴散到台灣南端。其中大約在十八世紀中葉，泰雅爾族從現代分布的南端（今南投縣仁愛鄉境內）一波一波地向北和向東遷移。幾乎可以確定他們最先向西北遷移的為後來的移民鋪路，而且他們吸收了不少多元的成分，尤其來自西部平原的民族。泰雅爾族擴散得相當快速，本身就分裂成幾種不同的族群（語系），到如今每一種是綜合一些部落而成的一個政治團體。向北擴散的是泰雅爾族，向東擴散的是賽德克族，向北擴散的泰雅爾族再進一步分裂為澤敖利和賽考利克，前者遷移的時代較早，而且大都分布在邊緣地區；而後者的遷移是相當晚近的事，其地理分布最廣。[24]

　　一個另類的看法，筆者想提出從原住民族起源神話分析來看，除蘭嶼的達悟族以外，台灣原住民族可分為三大系統：即泰雅爾系統（包括泰雅爾與賽夏族）、鄒系統（涉及鄒與布農族）及排灣系統（包括排灣、魯凱、卑南及阿美族）等。神話

---

[24]　李壬癸著，《台灣原住民史語言篇》（南投：省文獻會，民 88），P.32~35。

資料似乎反映出三大系統來台時間的先後；然而，其中泰雅爾系統以「石生人」及「洪水神話」所揭示的近親婚配等特質為最早，鄒、布農以氏族特點居中，排灣系統以「竹生人」等要素最晚。一般來說，「石生人」是人類起源神話中較初期原始的神話型態，原住民族中泰雅爾族為「石生人」型人類起源神話最多的族群，而泰雅爾族本身人類起源神話也以「石生」型占最大多數，整體上雖不予人最原始初始的渾厚感覺，但屬於一種亙古震撼性的記憶應不差[25]。我們知道，除「石生人」人類起源神話之外，泰雅爾族有關「洪水」起源的神話，更展現出一種遠古人類素樸的特質，例如以下兩則神話故事：

> 古時候，發生了一場大洪水，人們都跑到山上去避難。後來把一對美男女投入水中，洪水才於傾刻間退下……。

以及：

> 古時，有一美女，他的父母認為把他嫁給別人家太可惜了，就讓他和哥哥結婚，結果受到祖靈的譴責，突然發生一場大洪水。人們……先後將一隻狗及一個老人投入

---

[25]　行政院原住民族委員會委託喬健博士《台灣南島民族起源神話與傳說比較研究》（台北：原民會，民88）P.137。

水中，藉以祈神退水，皆不奏效。最後社人把這對兄妹夫妻丟入水中，大水終於消退……。

　　依照喬健教授的分析，以上兩則神話所敘述的內容，頗合乎事物一般常態的合理發展。但由於事件中所採取的不尋常措施，那就是將「人」投入水中藉以止水的做法，使人聯想到人類在這次事件中可能遭遇了一次空前的劫難，即一次空前浩大的大洪水。而人類社會也可能經由這次的事故，有了新的進展，就是逐漸從原住民族社會發展出亂倫禁忌的制度。由於地球最近的一次間冰時期，距離今天約為 15 萬至 5 萬年，其後一次全球性的冰間期距今約在 5 萬年至 1 萬年，因此有可能，如果有的話，在此期間有一次大洪水；泰雅爾族如因洪水的原因來到台灣，那麼他們至少在一萬年前即來到台灣了。前二則神話中泰雅爾族這種前氏族近親婚配的反映，顯示他們比台灣其他的原住民，更早來到台灣。這種近親婚配前氏族時期的痕跡，在泰雅爾族有關「洪水起源」的故事中，我們也發現了一些其他的線索可資追尋，如泰雅爾族沒有像布農族或鄒族神話中傳洪水為魚、鰻或蛇阻水而引發的說法，也缺少動物為人類取火種的說法，由於氏族社會多與動物有關，這類情節也就加強了我們對泰雅爾族為一古老民族的看法。[26]

---

[26] 行政院原住民族委員會委託喬健博士《台灣南島民族起源神話與傳說比較研究》（台北：原民會，民 88）P.138~139。

三、Squliq與S'uli群的遷移故事

正如前述所言，依據語言學研究，泰雅爾族為最早遷至台灣的族群之一，一般傳說認為泰雅爾族在台灣最早發源地有二處。一是南投縣仁愛鄉瑞岩 Pinsbkan（賓斯博干），為 Squliq（賽考利克）群的祖先發祥地，此族群之分布約與賽考利克亞族之分布（中央山脈）相同。二是雪山山脈的 Papak Waqa（大霸尖山），是 S'uli（澤敖利）群所傳的故事，以其祖先來自大霸尖山者，其分布地約與澤敖利亞族之分布地（中央山脈西側）同。大體而言，澤敖利群往西北遷移，賽考利克則往北部新竹、桃園、台北及宜蘭等地遷移，但也有一部分往西之南勢地帶發展[27]。其遷移過程敘述如下：

關於 Squliq（賽考利克）群的遷移，有一個傳說故事是如此描述：相傳泰雅爾族的大頭目 Buta Krahu（福塔・喀拉霍）因人口增加導致糧食不足，便發起遠征計劃，帶領許多部落族人，一路向北尋找新住地。他們沿著松嶺越嶺道，從松嶺（梨山福壽山農場）、至佳陽（環山）、思源亞口，繞過大霸尖山東側繼續北上，進入大漢溪流域，抵達卡澳灣（Gaogan 三光）地方。沿途多次遭遇作戰，終於把對方逐出大漢溪流域。但這支

---

[27]　自然與人文數位博物館 http://digimuse.nmns.edu.tw/。

向北遷移的賽考利克群，並沒有全部定居於大漢溪兩岸，有一支繼續往東北移動，在台北縣的烏來鄉南勢溪流域定居。賽考利克群分為三個支群，一為 hukul（福股群），早期領域在今仁愛鄉發祥村境內，向北遷至大漢溪支流馬里闊丸溪上源之塔克金溪，建立鎮西堡部落（今新光），然後向四周遷移，一部分的人遷移至宜蘭縣大同、南澳兩鄉，一部分移至石門水庫一帶，甚至一部分再遷移至烏來鄉境。其二為馬力巴群，早期的居住地在仁愛鄉力行村境內，後向北移動，越松嶺，入大甲溪上游，一部分的人留在環山的松茂，其他則繼續向東北移動，散居於桃園、新竹、宜蘭三縣。最後是馬里闊丸群，其離開原居地馬里闊丸（今翠峰），經松嶺、梨山、南山等地到四季，再向西北遷移，之後逐漸佔據馬里闊丸溪中游與馬武督兩溪上游一帶山區。[28]

　　S'uli（澤敖利）群的祖先發祥傳說，不像賽考利克群一般一致，澤敖利群對本身祖先之遷移路線與發祥地，有兩個說法。以雪山山脈為界，以南者認為 Pinsbkan（賓斯博干）為其發祥地，以北者認為大霸尖山為發祥地。澤敖利群沿著大安溪移居苗栗縣境內的淺山地帶，並向新竹縣移動。澤敖利群分為四個支群，其馬巴阿拉群，一部分的人遷居和平北溪，於哈文古魯建立據點，並驅逐了莫那坡人，而佔據整個和平溪北溪上

---

[28]　自然與人文數位博物館 http://digimuse.nmns.edu.tw/。

方，後因耕地不足，便向下游遷移，居有整個南澳鄉西南端的
山區。另一部分則順著北港溪西行，佔有北港溪中游。另外莫
那坡群，認為其來自賓斯博干，為尋求耕地向北移動，初居和
平溪上游，但受後移入的馬巴阿拉群壓迫，被迫移居大同鄉，
後來一部分的人遷移至南澳鄉境內。[29] 其他如馬巴諾群，在大甲
溪建立兩個部落，為稍來社和白毛社。兩社的人認為，其祖先
來自北港溪上游，遷居至南勢附近的溪岸，建立新社址。在文
獻上，將居於大甲溪中游者稱為南勢群，住在大安溪中游者稱
為北勢群。莫里拉群以大霸尖山為發祥地，沿著大安溪西移，
再向北經司馬限山進入大湖溪流域。又有一部分人向北移，進
入五峰鄉、尖石鄉山區建立部落。[30]

---

[29]　自然與人文數位博物館 http://digimuse.nmns.edu.tw/。

[30]　自然與人文數位博物館 http://digimuse.nmns.edu.tw/。

第四篇

泰雅爾族神話故事的哲學 與現代意義之詮釋

一、迷失的泰雅爾族

亙古時期，泰雅爾族部落流傳著一則既深動又觸擊人們心靈深邃、且又帶給部落一盞明燈的故事，對每個世代的泰雅爾族部落及其族人提出強烈呼籲，故事是這樣說的：

「古時沒有深谷和斷崖，放眼望去幾乎都是平坦的平地，一日，卻有洪水大氾濫，族人們被迫不斷往高處遷徙，後來已遷至大霸尖山山峰頂。於是，族人們將一個最不中用的人扔進水裡獻神，怎料水勢不減反增。後來，

　　決定將頭目的女兒給獻出去，此刻立即傳來似斷崖崩塌的
轟聲，而後水退。自此，地面上開始有了斷崖與深谷。」

　　直到今天，泰雅爾族部落的耆老在雲彩的故鄉立足所謂現
代社會，仍舊悵然惦記著部落過去的種種，每個部落族人心甘
情願地依循嚴謹的 gaga 系統及指導。

　　當我們聆賞，這則泰雅爾族的神話故事其所傳遞的文化社
會及哲學意義，指出「不中用的人扔進水裡」，再再提醒各部落
族人在遭逢困難或身陷困境時，不是只提出失望的推諉之詞，
不應該只會怪東怪西，只會說不是自己的錯，都是別人錯，這
種只看到別人「眼中有刺」、不思自己「眼中有樑木」的態度，
困難與推諉怎會被解決呢？耆老們早已看出，這就是泰雅爾族
及其部落的癥結與問題所在啊！

　　極為明顯地，這則故事亦被迫必須變成倫理道德的照妖
鏡，照到了泰雅爾族部落與各氏族的痛處，見光之後，攤在陽
光下的就是不折不扣地墮落與貪婪的局面。與今時相互輝映的
是，發現耆老們口中的嘆息與臉上皺紋所刻劃出的事實，多是
部落與族人的懶惰、酗酒、賭博、亂倫、及貪婪……等等，迫
使原本部落的平靜、和諧、友愛、及分享之美麗景觀，怎會營
造出來的文化社會是道德淪喪的絕望生活？

　　這一則故事意旨含括了泰雅爾族各個層面，可以檢視的是
從過去的文化歷史到今天、乃至於跨越未發生的明天，其反省

的哲學思考再再都碰觸了。個別的泰雅爾族人即使只想觸及看似有些盼望的組織，但很多時候在該組織中所謂的倫理道德，大都只是「表面上」或「人際上」使用的名詞罷了。因為讓部落社會看到的是，表面華麗舒適的建築物，內部卻早已滋生腐蝕潰爛現象，變成罪惡的溫床，造成問題一籮筐及困難不減反增之惡化巢穴，這是每一個族人所最不樂意看到的情況。

另外，「將頭目的女兒給獻出」其意甚明，當泰雅爾族部落橫生困難，使族人陷入絕境又毫無能力跨越黑暗時，族人的作法實在不應只是將「不中用的人扔進水裡」，應該更積極地斧底抽薪掌握先機，應更明快地將部落中最為重要的人給獻出、部落中最為重要的人亦更懂得挺身而出或身先士卒也在所不惜，因應已來到或未來到的難題與困境，唯有如此才能在最極短的時間內終止部落及族人眼前的腐蝕潰爛。

田野訪查中有幸聆聽耆老們的「傳話」與教導，從他們對文化歷史及哲學建構的智慧、對部落及其族人情感的連繫，除了內心充滿感恩以外，亦可窺知今天泰雅爾族部落到處都是「斷崖與深谷」；其一方面，因為部落族人已不珍惜祖先所留下的園地可以任意賤賣；另一方面，有為的政府官商勾結，引進重機械衝到部落裡大肆開挖，使整個原本優美的部落環境生態，遭到無力回天之境。「斷崖與深谷」當然也指向早已放棄自我的泰雅爾族人，依據部落耆老的說法，過去泰雅爾族部落原本是平靜、和諧、友愛、及分享的景象，這種人間仙境卻是好

景不常，因為部落族人的罪性，導致泰雅爾族祥和的部落遭受到極為嚴重的破壞，讓人看到部落到處都是坑坑洞洞地，更讓人氣急敗壞大失所望，成為部落及其族人依靠的氏族（組織），曾幾何時也毫不避諱地懶惰及貪婪呢？

從筆者的田野踏察中可以窺探部落的基本樣貌，即過去泰雅爾族部落的社會生活是平靜、和諧、友愛、及分享，由耆老臉上滿是皺紋所烙下的歲月，他們從不曾間斷地嘆息及落寞，處在「現代社會」的泰雅爾族人恰似遭遇亂流，常常不明究裡的被迫遷離較平坦的園地、常常不明究裡的被迫放棄祖先留下的自己。一個極深的嘆息聲，卻道盡了所有滄桑及悲泣啊！今天，為什麼的泰雅爾族人還是自囿於人家給你的社會規範呢？為什麼的泰雅爾族人還是不會反省呢？辛苦面對文化歷史上的亂流，遺憾地是在部落中只看到我行我素、依然故我的族人表現，耆老們的逆耳忠言硬是充耳不聞，好像別人對自己及對部落的腐爛渾然不知，可真悲哀啊！

二、近親結婚牽引著泰雅爾族的社會倫理與哲學思考

現代的人談到「結婚」形而上之探求這檔事，一般的瞭解通常會有兩種想法：其一，因為自己的社會經濟基礎尚未穩定，不敢冒然踏入紅地毯的那一端；其二，對於結婚，依然充滿令人著迷的期待與夢想。但是，當我們回到人類婚姻的歷史

中去鳥瞰，終會發現在不同的時代或不同的地區之社會環境，
都會造就多元多樣的婚姻模式，以及其結合之方式。我們也都
承認，從科學的意義上看，如果人類社會沒有婚姻，那麼有許
多血統就會發生混亂，不利於人們的優良繁衍。原始人類並不
需要婚姻，與今天的靈長動物一樣。可是，後來有了氏族傳統
社會，採用的是集體群婚姻制度，也就是一個氏族的男性或女
性集體嫁娶到另一個氏族。這也是在進化過程中為了族群繁衍
與防止亂倫，導致族群退化而形成的一個習俗。

　　然而，我們看到泰雅爾族「近親結婚」的傳說故事，卻給
了現代所謂「婚姻制度」下了一個註解。筆者特別提出兩則傳
說故事，做為相互對應及思考，故事是如此描述：

　　　古早，一個家庭裡有兩個姊弟。有個晚上姊姊到弟弟房
　　間去睡。睡到第二天早上，女兒的母親去叫女兒起來煮
　　飯。女兒卻說：「我的頭很痛。」母親不得不自己煮好了
　　飯，又去叫兩個孩子起來吃飯。但是兩個孩子都說：
　　「我病了。」母親很生氣，罵孩子說：「你們會繼續痛下
　　去的，最終會病死，起來吃一點東西才好。」兩個姊弟還
　　是不理，不起床。母親生氣到了極點，走進房裡，冷不
　　防的翻開了棉被，一看，兩個人緊緊擁抱在一起。母親
　　伸手拖著一個人要把他倆拉開，但兩個人交接著無法脫
　　離。母親嚇了一跳，趕快叫人來幫忙拖拉，可是怎麼拉

也拉不開。最後，不得不把男人的局部切斷了，兩個人雖然分離了，卻同時都昏迷死去了。族人們都想，吸吮同一個乳房的乳汁長大的人，互相交接必會觸怒了神。嗣後，兄弟姊妹必須找別人選擇配偶，血親的族人不做夫妻，才不會造成不吉利的原因。

另外，也如此描述：

古時，有一天頭目向社人宣布，雖然祖先曾嚴禁兄妹婚、血緣婚，但為了使子孫增多，故現在開始解除此禁。語畢，即召開酒晏慶祝。不久之後，凡參加過酒宴的人都死光光，故後來又再度禁止血族之婚。

泰雅爾族傳統部落社會對於婚姻，有很多的禁忌，包括婚前及婚後一大堆的細則規範，在在告誡與規範部落及族人都必須恪遵之，婚前絕不可以和別人發生違背 gaga 倫理的事情發生；婚後絕不可以在部落、在家族中 mapal（搞趴），恐怕會趴到已嫁作人妻之婦女、其他的女子、甚至扒到自已人，因為泰雅爾族到今天仍舊非常的重視血緣關係；另一方面，結婚時不能讓一個「捧著大肚子的女人」進門，因這樣會被認為是不潔淨的，此等情事在泰雅爾族部落都視為 psaniq（禁忌）。我們知道，過去泰雅爾族部落社會的婚姻制度，沒有所謂的「自由

戀愛」（不被容許、不潔淨的），唯有搶婚或提親而已，別無他途。上述故事所描述的近親「互相交接」（當今或許可被認為是「近親結婚」的例子），無論如何都不被容許的，否則必會慘遭天譴或祖靈的責罰，若發生不幸之事情，其結果不是族人及部落可以承受的。因此，過去在的部落中父母親會主動、常常告訴孩子親戚是誰？所謂的「近親通婚」，在過去的泰雅爾部落是絕對禁止的。基本上，泰雅爾族的 gaga 倫理，不論相隔幾代都絕不可以發生「近親通婚」的情事，否則一定會被趕出部落及家族離鄉背井到別的地方自力謀生，終身不得返回出生的原部落；並不是一般所瞭解地，只要相隔三、四代，就可以「近親通婚」了。在筆者的部落訪談中，有不少的耆老都異口同聲說：不論相隔幾代，雙方只要知道有些許的血緣關係、或被懷疑有親戚關係，這樣都不能勉強為之，否則後果將難以預測與防範。

　　談到亂倫禁忌的故事，使筆者想到文化評論者宋國誠，在【《閱讀後現代》酒神的影舞者——喬治‧巴塔耶的「反哲學夢遊」】的評論：如果動物世界不存在「近親交配」的禁止，人類何以開始形成這種禁止亂倫禁忌？這種使人區別於動物的亂倫禁忌，證明了「人是一種並非簡單地接受自然條件的動物」。在巴塔耶看來，人既是自然的存在物，又是自然的對立物，當原始人類意識到死亡的不可逃避之後，先是「腐屍」的惡臭令人難以容忍而開始將腐屍進行「掩埋」。人類喪禮儀式的起源，

而後開始懂得通過勞動製造工具，試圖以改變自然對人類的限制性來對抗死亡。勞動是一種將人的全部能量從純粹的享樂轉向理性分配與節制的過程，在此意義上，勞動是人類的第一個「禁忌」，是人類脫離動物屬性的重要標記，在人類完成了以自然為對象的第一次否定之後，開始轉向以人類自身為對象的第二次否定，這是一種和勞動一樣的對人的「性能量」的理性分配與節制，也就是拒絕在滿足其動物需要方面放任自流，建立禁忌體制以拒絕向動物世界倒退。人類的這種「雙重否定」是至為關鍵的，人類分別經由外部自然世界和內部精神世界的兩次否定而建立人的世界。「人的兩種否定——否定既定的世界與否定自身的獸性——是相互聯結的。……只要有了人，就一方面有了勞動，另一方面有個通過禁忌否定人的獸性。」換言之，勞動與亂倫禁忌，使人成為了人類（節錄自破周報，POTS 副刊第 409 號）。

讓我們的思考，再回到泰雅爾族「近代結婚」的傳說故事裡，將其與巴塔耶的觀點相互對話，會發現與體會「人既是自然的存在物，又是自然的對立物」，的確，僅僅就傳說故事的閱讀人（或閱聽人），即泰雅爾族人，當他們意識到因亂倫禁忌（近親結婚）事件造成避之唯恐的死亡，加上部落及其族人都承載了極為嚴苛的 gaga，族人對於違背 gaga 倫理的事，怎能容於部落文化社會呢？就好像巴塔耶說的：先是「腐屍」的惡臭令人難以容忍而開始將腐屍進行「掩埋」一樣，這樣的事與

部落愈遠愈好，最好是一點關係也沒有。因此，部落族人困擾「吸吮同一個乳房的乳汁長大的人，互相交接……」，這也就是巴塔耶提出的，人也「是自然的對立物」。

另一方面，我們看到在泰雅爾族「人類的創生起源」的神話故事裡，也有其他意義的描繪：

> 從前一巨石裂開，從中走出一男一女，兩人以兄妹相稱。長成後，妹妹就問哥哥：「為何不去找妻子？」哥哥回答：「天地只有你我二人，我到何處找去。」於是妹妹就想或許改變容貌，可瞞過哥哥，便對兄言：「我已為你找到一女，明天中午到大樹下會她吧！」哥到該日準備前往，發現一黑面（文面）女子，欣然與其成婚。到翌晨才發現那女子是其妹，但悔恨已晚。此後人類才繁衍，於是女子一到成年即刺面結婚，成為祖傳習俗。

從這個故事所傳遞的信息中，讓我們可以窺見一些被傳播的意義，即一方面，在此初創的大地上，將有人從一個裂開的巨大石頭中走出兩個人，是一個男的與一個女的，他們是大地上的第一對人類，也是第一對的夫妻；然大地開創之初，世界之大舉目無人，放眼看去只有「兩人以兄妹相稱」的兩個人。過了一段時間，這兩個人也意識到「人既是自然的存在物」，依循故事的情節走去，看到他們兩個人最終因情勢所逼結為夫

妻,大地「此後人類才繁衍」。另一方面,經過一段極為漫長的歲月、文化社會的變遷及其演化之過程,泰雅爾族親身經歷了那種先是「腐屍」的惡臭令人難以容忍之事,然後面對與因應開始將腐屍進行「掩埋」的過程;換句話說,在這個故事當中,也同時發生了令人遺憾與不安的事情,作為近親的哥哥「到翌晨才發現那女子是其妹,但悔恨已晚」,及在部落中也相繼發生「互相交接必會觸怒了神」、以及部落中的「……人都死光光」,陸陸續續發生這樣的事情,對於泰雅爾族部落來講是一件非常嚴峻困局及挑戰,也使之陷入絕境。

這個故事在泰雅爾族的文化社會裡所隱含的問題與想要表達的意義,與西方後現代思潮的詮釋,其實有著非常不同的思想與脈絡。在《色情史》一書中,在繼承列維・斯特勞斯駁斥亂倫禁忌是基於優生學觀點的基礎上,巴塔耶進一步推進了列維・斯特勞斯以「族外聯姻」解釋亂倫禁忌的觀點。列維・斯特勞斯認為,亂倫禁忌是在人類基於內部團結的需要並通過禮物交換的形式,而建立「族外聯姻」的過程中被確立的,也就是說,一方經由放棄對族內女性的直接佔有來換取另一方女性的佔有,經由這種「性交易」,促成了族際之間的合作與擴大。在此意義上,亂倫禁忌與婚姻是一體兩面且相互維繫的,亂倫禁忌本質上是一種「交易契約」,隱含著「社會信用」的實踐,並間接說明了「貞潔」、「處女」和「伊底帕斯情結」【又稱戀母情結(Oedipus Complex,也譯作「俄狄浦斯情結」

或「伊底帕斯情結」），是指兒子親母反父的複合情結。它是佛洛伊德主張的一種觀點。這一名稱來自希臘神話王子俄狄浦斯（Oedipus）的故事。俄狄浦斯違反意願，無意中殺父娶了母親】的由來。然而，巴塔耶一方面肯定列維‧斯特勞斯的貢獻，一方面指出了這種理論的舉侷限性。巴塔耶指出，列維‧斯特勞斯「禮物／聯姻」的可能性，歸根結底必須依賴人們對「性」做出有別於獸性之直接欲求，並把它建立自願遵守之「性規約」的基礎上，雖然「贈禮本身是放棄，是對獸性的、直接的、無保留的享樂的禁止」。但是在巴塔耶看來，亂倫禁忌不是一種來自人們若不徹底脫離動物性將遭受不可預測之滅頂之禍，而產生的罪惡感；亂倫禁忌就是產生在既自覺地排斥粗鄙的動物性，又時時遭受到這種無節制、放任性之動物原欲誘惑的拉距之間。換言之，禁忌始終不只是「禁止」而已，它時時處於受到誘惑拉回又必須努力向前克服的對立之中（節錄自破周報，同上）。

我們要知道，泰雅爾族的 gaga 與社會倫理，不論是所謂的「近親互相交接」、「族外聯姻」、或「禮物／聯姻」等方式及各樣形式促成而使「男女在一起」，只要未遵循 gaga 的途徑，都被視為 psaniq（即亂倫禁忌）的行為，已嚴重侵犯及違背了泰雅爾族的社會倫理的事件，部落唯有 gaga 議處之。換言之，在泰雅爾族的部落社會裡若有人侵犯及違背了 gaga 倫理的要求（即 hmiriq gaga），則必須通過或施行 smyus（懲罰、責備

及贖罪之意），以驅散 yaqih utux（邪惡之靈）的攪亂；一般來講，泰雅爾族人若侵犯或違背了 gaga，部落必須見到牲畜的血（可能是殺雞或殺豬）來 smyus，達到贖罪之功能與目的；若嚴重侵犯或違背了 gaga，就必須 mgaga（依循道德規範）進行 smyus，有時要提供一個土地，通過 smyus 以達到被懲罰、責備的目的；更嚴重者，除了上述所謂的見到牲畜的血與提供一個土地以外，一定將違背者處以必須趕出部落，到別處去生活。泰雅爾族人在 mgaga 的時候，雙方必須 mssi ke（相互承諾）在處理侵犯或違背了 gaga 這件事上，雙方絕不說謊，並且還乾淨的空間於 gaga，面對 gaga，主事者必須瞭解通過 smyus 或 mgaga 的過程，避免影響後代生存空間。

因此，對於泰雅爾族的 gaga 倫理的要求，不論為了要使部落內部團結及族內之間的合作等，唯這樣的思考模式與婚姻行為，不僅已嚴重違背 gaga 倫理要求，更完全撕裂族內及族外之間的和諧關係。如此的聯姻行徑絕對不是人所為，簡直與動物沒有分別，正如巴塔耶的看法，亂倫禁忌不是一種來自人們若不徹底脫離動物性將遭受不可預測之滅頂之禍，而產生的罪惡感；亂倫禁忌就是產生在既自覺地排斥粗鄙的動物性，又時時遭受到這種無節制、放任性之動物原欲誘惑的拉距之間。而泰雅爾族的哲學思考是維護一個成為人的公平正義及基本人權，只有嚴守對未出嫁女子「不可處碰」、「不可玷污」的 gaga 倫理規範泰雅爾族人才能成為泰雅爾族人。

三、泰雅爾族集體出草的歷史文化

　　在台灣文學界中，有一個非常著名的原住民族神話故事，即泰雅爾族的「射日故事」，多年來引導該族群的社會思想，可謂執牛耳之地位。我們也看到在原住民藝術創作的努力上，也賦予其嶄新的生命，並重新給予族人深沉表達的機會，藉以不同的風格、不同的作品及不同的詮釋泰雅爾族當時與現代的歷史文化意義。

　　　這則古老的泰雅爾族「射日故事」如此說：「太古時候，天上有兩個太陽，其中一個比現在的太陽還要大很多，因此，天氣非常酷熱，草木被曬的都要死了，河水也快要乾涸了。農作物根本不能生長，而且兩個太陽輪流照射，無分晝夜，人民生活勞苦困頓不堪。

　　　族人便商議，如果不射下其中一個太陽，子孫恐怕無法安居，甚而或將絕滅。於是有三名勇士，自願前往射下一個太陽。三人攜帶了充裕的乾糧用品，每人背負一個嬰孩出發。

　　　然而，到太陽去的路途是如此遙遠，他們在路上把吃過的柑橘種子，沿途種在地上，想讓它成長。日復日、年復一年，他們走了好漫長艱辛的路程，但距離太

陽之處還很遠。而三人都已變成衰弱的老人相繼死去，當時的嬰孩們他們也都長大成人。並繼承老人們的遺志繼續邁進。

有一天，他們終於到達太陽之處，於是三人商議準備在第二天太陽出來時動手射殺之。第二天一早，三人埋伏在谷口，等待太陽出來的剎那。果然三人引箭直射太陽的中心，滾燙的血水從太陽的傷口洶湧出來。其中一人，被血從頭淋下來，當場死了。其他二人也都被灼傷，狼狽逃走了。

在回家的路上，他們看見從前種的柑橘，已經長得很高大，而且果實纍纍了。等到他們回到村中時，二人已經變成白髮斑斑的駝背老人了。自從那次射殺後，天空不再有兩個太陽輪流照射，而有了晝夜之分，在夜裡我們看到的月亮，便是被射死的太陽的屍體。」

我們可以從故事中瞭解，這則故事非常直接並強烈地向世人宣告：一種族群的集體意志與集體出草的文化，正式無限期的展開；那就是向壓迫者誓死抵抗，直到根除壓迫者的惡勢力。另一方面，以鏗鏘有力地對泰雅爾族及其部落表達，身為泰雅爾族人本來就應該將士用命加以珍惜所謂的「集體出草」的文化，好教後代子孫們進行閱讀背誦「集體出草」的歷史，讓部落子女明白泰雅爾族過去優美的傳統歷史文化，並更進一

步愛護自己的族群與傳承。或許有人不同意這則故事是一種「集體出草」的文化，雖然故事中的「主角」只有三名，加上各自背起三名嬰孩，但我們必須指出這三名「主角」所背負、所承載的是全體泰雅爾族部落及其族人的意志，具有整體部落的代表性，他們射日（出草）的使命絕不是個人的行為，而是全體泰雅爾族所有的意志，終結酷熱太陽的榮耀絕不是個人的，而是屬於全體泰雅爾族所有；「三名嬰孩」代表的是前仆後繼的奮戰精神，永不停止，不達目的絕不終止的持續性使命及精神。另一方面，這則故事所描述的「三名主角」及「三名嬰孩」的意義是象徵性，它表示射日這一個出草事件是全體泰雅爾族的故事，絕非部落內一、兩個族人的故事而已，酷熱的太陽所影響的層面是整個泰雅爾族的部落，甚至是全世界。因此，當泰雅爾族面對被壓迫或被欺凌的時候，從泰雅爾族的精神與情感來講，這則射日故事就具有「集體出草」文化的意義。

錐心思想故事中所描述的「兩個太陽輪流照射，無分晝夜，人民生活勞苦困頓不堪」，乃在陳明泰雅爾族人的社會處境。我們知道，這些年來泰雅爾族部落之經驗，是族人眼睜睜看到挾著豐厚政經優勢的漢人，以極強大又快速的入侵原住民族部落，使得原本青翠又寧靜的山地包括其地理生態、環境空間及人文生態等都受到極為嚴重衝擊與破壞，如此經年累月更讓原住民族的情況每況愈下。

現代的原住民泰雅爾族部落理應知道，台灣政府不斷推

動工商發展，造成原住民族與漢人在經濟上、教育上、政治上及權益上的差距不斷擴大，導致原住民族自信心的破產；事實上，台灣社會愈發達，更讓原住民族幾乎陷入自我放棄之生活型態。再仔細推敲這則故事深層的另一個意義，提醒著我們這是一種與漢人相較之下所產生的黑暗面。就像過去台灣社會產生了大量的原住民族勞力與黑巷裡的妓女，今天台灣社會依然產生離鄉背井的勞力、及就業市場中大量的失業人口。同樣地，不論是泰雅爾族或整體的原住民族集體記憶及經驗，乃是過去到今天，原住民族依然無奈卻又不知自己的前景何在呢？

以現代社會觀點來看，當泰雅爾族耆老召開部落會議共商族人所面臨的內憂外患或生死關鍵問題時，想出的策略是「如果不射下其中一個太陽，子孫恐怕無法安居，甚而或將絕滅」時，其內含著兩個不同的意義，其一是，泰雅爾族固有傳統的文化，即文化保存；其二是，教育與社會，即提昇教育與社會接軌並行的實踐觀念。在固有傳統文化之保存方面，筆者以為泰雅爾族各部落的歷史文化都應該刻不容緩地建立部落性〔地方性〕的小博物館或展覽館，要以專業的方式來整理。其次，泰雅爾族的傳統活動與思想之傳承，應該由各部落所設立的文化中心來帶動，這樣在各部落進行固有傳統文化的保存工作，同時有專人專業及專心整理經營，不僅可以避免泰雅爾族部落固有傳統文化的失落，另外還可以使部落文化更活絡起來，達到部落認同及情感更加的凝聚。

　　另外，除了現有正規教育制度以外〔以漢人為主的教材內容〕，在提昇教育與社會接軌並行實踐方面，泰雅爾族部落建立了部落性〔地方性〕的小博物館之後，應加足馬力再設立圖書館或部落教室，提供一個完全屬於泰雅爾族的教育資源中心。此時，政府應該快速增加預算在部落性〔地方性〕的小博物館及圖書館，增購人文相關的書籍與普設電腦、聘請教師與大學生前來部落任教，讓泰雅爾族青少年、婦女及每一族人有更多機會接觸所謂現代社會資訊與動態環境，唯有通過教育的提昇以及和現代社會接軌，才能讓泰雅爾族及其部落之競爭力提高，更重要的是，這也是提昇泰雅爾族族群自信與尊嚴最根本的做法。

　　我們發現，現代的泰雅爾族部落雖然沒有早期的兩個太陽，常以恰似「酷熱的太陽」方式壓迫族人，但今天的泰雅爾族人在部落中仍然不斷承受來自漢人的窮追猛打、並巧取豪奪祖先辛苦開闢的傳統領域及土地，讓泰雅爾族人的生存空間與地理環境被迫愈來愈縮減。因此，所謂的珍惜「集體出草」的文化，與閱讀背誦「集體出草」的歷史的意義也就在此。依據筆者的田野踏察，泰雅爾族部落耆老們非常的清楚，政府和台灣社會只能提供泰雅爾族部落客觀條件的幫助，要知道整個泰爾族部落會如何演變，最終還是掌握在泰雅爾族自己的手中。

　　「自從那次射殺後，天空不再有兩個太陽輪流照射，而有了晝夜之分」，將近一百年的時間，民主的成果逐漸在台灣

社會中展現於世界上，但是教世人難以想像，以漢人為首為主
的台灣政府，一直以來口口聲聲地把「台灣原住民是真正的主
人」掛在嘴邊掛在胸前，政策上卻從來就沒有善待過台灣原住
民族。泰雅爾族如同其他原住民族一樣有著共同的際遇，可是
絕對不是用悲情兩個字可以涵蓋，因為今天的泰雅爾族部落依
然是整個台灣社會總體的另一個世界，一個發展中的台灣社會
之邊境部落、一個得不到台灣政府之青睞的邊陲民族，到今天
為止，泰雅爾族群依舊身陷「子孫已無法安居，早已走上將絕
滅」之途。在台灣，泰雅爾族不應該是社會發展的勞力供應族
群，更不應該誤以為泰雅爾族與其他原住民族一樣只會唱歌及
只做勞力才有出路，要走出此黑暗窘境，泰雅爾族唯有在社會
思想、產業經濟、時代教育及科技發展等各領域與其他族群相
等，才能建構所謂現代化的原住民部落，進而重新獲得民族的
自信心與人性的尊嚴。

四、泰雅爾族傳說故事傳遞生態哲學的經驗與智慧

　　非常奇妙地，在眾多的泰雅爾族傳說故事裡，發現有幾則
故事描述了關於生態學（ecology）方面的現代知識系統，透過
它們的互動及對話，可以讓我們理解泰雅爾族亙古的文化系中
具有發展現代知識思潮的高度能力。筆者選擇了一則泰雅爾族
傳說故事做為探討的對象，故事這樣闡述：

古早，祖先的生活不必勞動到疲倦，就能安逸地生活。例如旱田種粟子計算種十株左右就夠了。因為煮飯時只煮一粒粟子，就能煮出一大鍋滿盈的飯，可以吃飽。關於糧食，假如你想到要吃山豬肉，山豬就會跑進來，你拔一根山豬毛，用箕蓋起來，等一下把蓋子打開，就有一大堆山豬肉。你想要野鹿肉，或其他任何野獸，也都一樣可以那麼做。還有劈柴，有人交談說：「沒有劈柴了」，就自然會劈柴。水或其他任何日用品也都一樣，自然會有。因此，出門去打獵或出草或探親的時候，只要把穀物的果實，放入耳環竹管裡，就可以逗留好幾天，不怕沒有糧食。

然而好景不常，終於有懶惰的人，煮飯不一粒粒煮，拿很多穀物放進鍋裡，不但煮不熟，把鍋子蓋打開，卻看了一隻麻雀啾啾叫著飛出來，飛去停在芒茅穗上，說：「從今以後，你要勞動工作，才不會饑餓，而我們麻雀還是要吃你們的，懶惰的人必得不到食物。」

野獸也一樣，懶惰的老婦人只拔出一根毛，覺得不耐煩。突然剜了一大塊肉，竟使野獸生氣不自動來了。就必須去狩獵才能吃到肉。劈柴也一樣，女人在織布時，自動進來的劈柴碰到編織的布，女人就生氣的罵了，把劈柴拋出去，劈柴就不再自動來了，這就是泰雅爾族人必須勞動認真工作才有飯吃的原因。

　　上述泰雅爾族傳說故事表面上好像在描繪泰雅爾族傳統部落社會、及族人生活的情形，但若深入細心閱讀這則故事，自會進入整體故事的情境並瞭解其中所主要闡述的內容及其含蓋面，我們似乎可以這樣說，所謂大地倫理（land ethics）是這則故事主要對話及陳述的議題。請容許讓筆者先說明什麼是生態學（ecology）及其發展脈絡，再來談生態哲學與泰雅爾族傳說故事相互的一些關係；生態學係源自希臘文 oikos，原意住家、家庭或居所，而 ecology 一字最早由德國生物學家 Ernst Haeckel 於 1896 年提出，以生態學為研究動物與外在環境關係的學問，主要屬於生物學的範疇。但進入二十世紀以後，生態學的特色則在於超越以往的單純生物學研究途徑，開始探討人類與自然的關係，其發展又可以概分為兩個階段：

　　（一）二十世紀前半葉，生態學在此階段的發展主要是生態圈（ecosphere）和生態系（ecosystem）等理論的漸趨成熟，集中於研究生命物質與非生命物質的相互作用，強調有機體與其環境共同形成生態系。這個階段最重要的結果是「生態中心論」（ecocentrism）的出現，生態中心論的觀念始於 Aldo Leopold（1949），Leopold 的大地倫理（land ethics）認為人類已經進入一個新的倫理學紀元，倫理學不只在處理人與人的關係，更擴大到處理人類與環境的關係，環境成了人類道德考量的基礎之一。Leopold 表示，「所有的倫理都有一個基本的前提：個體是社群（community）中不可獨立的一員。個體的本

能會使他為自己在社群爭取位置，但其倫理觀念也會使他傾向合作。」Leopold 所謂的大地倫理就是一種合作的倫理觀，他定義「大地倫理」乃是「將社群擴充到包括土壤、水、植物和動物，或者集體來說就是：大地」（Leopold, 1949: 203-204）。實際上，Leopold 的大地倫理預告了生態學時代（age of ecology）的來臨。

（二）二十世紀下半葉，此時，環境問題已經愈見浮現，1962 年，Rachel Carson（1970-1964）出版《Silent Spring》一書，生態學時代正式揭幕，人類與自然關係的研究成為主要時代課題，生態學的研究範圍從自然生態擴大到文化領域，生態運動也成為全球性的運動。生態學時代出現了各種互相競逐的（competing）生態學，如六〇年代的生態保護主義（conservationism）與環境利用主義（environmentalutilitism），反應了對環境價值認識的不同所造成的政策差異；又如七〇年代之對科技未來悲觀的生態主義（ecologism）與對科技未來樂觀的生態意志理論（theory of ecological will），生態主義強調物質欲望的節制、精神層次的提昇，生態意志理論認為技術前景可以解決生態危機。

當我們回到泰雅爾族傳說故事裡的時候，在文中發現「終於有懶惰的人，煮飯不一粒粒煮，拿很多穀物放進鍋裡，不但煮不熟，把鍋子蓋打開」及「野獸也一樣，懶惰的老婦人只拔出一根毛，覺得不耐煩。突然剁了一大塊肉，竟使野獸生氣

不自動來了」，這樣描述泰雅爾族因懶惰使之貪得無厭或過份之行為，其實滿偏向在生態學時代引起爭論的人類中心主義（anthropocentrsm）思想，人類中心主義假設人類具有評價自然的正當性與基準，能夠對萬物做包括本質上和功能上的正確評價。以人類為評價自然本質的基準，典型的例子是 Rene Descartes 的動物觀。在 Descartes 的靈肉二元論和機械論中，肉體是一座機器，靈魂是獨立於肉體的無形神秘存在。Descartes 認為動物不像人類一樣具有靈魂，不具備感覺和思想，不過是一部設計精巧的機器。Descartes 的謬誤在於他以物種主義為基礎，在區隔物種之後，他並沒有建立各個物種的基準，卻跨物種的某一物種（人類）做另一物種的評價。Descartes 的動物觀透露出含有中心主義階層論（hierarchy），最後淪為一種人類沙文主義（human chauvinism）。John Seed 認為人類沙文主義是「視人類為造物之極，為所有價值之源，為萬物之尺度。」（Seed, 1985: 243）Seed 所說的正是人類沙文主義的認識論基礎。因為視人類造物之極，故賦予人類有評價其他動物的正當性，就生態學而言，這種認識論所繁衍出的人類中心主義原則是：因為人類是唯一具有道德觀念的主體，故認為倫理的考量均應以人類這個道德主體的福利為優先。可是，Van B. Weigel 認為這說法是一種「人類中心主義的謬誤」（anthropocentric fallacy），他認為這種謬誤在於：因為人類有倫理思考和道德決策的能力，故推論人類具有代表道德的正當性（Weigel, 1995: 45）。

　　我們知道，生態學的人類中心主義始於十六世紀的科學革命，對自然的操作能力加強了人類中心主義的思想，進而使人類中心主義的思想又造成科技的濫用。科技中心主義是以科技發展做為服務人類的第一選擇，相信「人類可以經由科學知識瞭解自然，並在某種程度上可以控制自然，甚至相信人類可能藉由科技手段解決所有的環境問題」（Smith, 1998: 4）。除了倫理層面的問題之外，人類中心主義也認為：人類具有主導地球進化的能力，人類活動具有支配地球發展的地位，人類的能力足以使生態圈變得更適於人類的生存與發展。由此觀之，透過這則泰雅爾族的傳說故事所傳遞的信息，讓我們不禁懷疑，當時的泰雅爾族人因懶惰造成他們產生貪得無厭或過份的行為，他們始終以為只是「煮飯不一粒粒煮」、「只拔出一根毛」而已，有什麼關係？還是冒冒失失地以為沒有關係？如此輕看自古以來泰雅爾族社群與：土壤、水、植物和動物所維繫的生態系，是一種與大地的永恆的美妙關係；豈不知那種冒失的行為已使他們陷入了人類中心主義的危機之中，就好像以為「人類可以經由科學知識瞭解自然，並在某種程度上可以控制自然，甚至相信人類可能藉由科技手段解決所有的環境問題」，事實上，並非如此的美好，不論泰雅爾族或其他原住民的部落發展情況所得到印證，卻是「藉由科技手段」更加速了泰雅爾族人與自然及其他生命的疏遠、也促使部落環境的惡化，籠罩在部落的卻是昏天暗地的根本沒有未來可言。

　　因此，泰雅爾族傳說故事恰似提醒著泰雅爾族人及世人，此時此刻我們正步上所謂「面臨崩潰的狀態之中」，我們看到，從古典演化論的物競天擇、階層性和進步說的演化觀不斷遭到修正，新的演化論典範則強調演化是一種變化（change）的過程。在演化論的基礎上，生物學家 Edward O. Wilson 的基因倫理學試圖將倫理學從哲學領域轉移到生物學領域之內。他認為利他主義具有遺傳上的基礎，並提出親生命假說（biophilia hypothesis），親生命假說認為人類有親近自然和生命的天性，Wilson 的這個假說的基礎便是建立在共同演化的觀點上（Wilson, 1992：348-351）。Wilson 進一步指出，人類若長久與自然和其他生命疏遠，可能會降低人類本身的演化進程和適應環境的能力，也就是熵（entropy）增加的結果，會造成生命的網路和節點陷入失序失衡的狀態中；事實上，Wilson 認為人類已經踏入了這種系統面臨崩潰的狀態之中，人類若不加以改善目前的生態狀況，共同演化的下一齣戲碼就會是大滅絕。

　　筆者以為，當我們談到從泰雅爾族傳說故事、人類中心主義的思想、到人的演化過程的時候，是否也讓我們回顧一下另一個窗口，那就是再從泰雅爾族傳說故事眺望「德國應用倫理學的興起」之經驗：

　　應用倫理學的勃興在二次大戰之後頗為盛行，但從七○年代始廣受尖銳抨擊的「現代化理論」（該理論的實際後果：生態危機與西方中心主義）的式微有著密切的關係。眾所周知，

以人權與富裕為涵義的現代化運動在當今的西方社會已普遍受到質疑。人們對現代化的批判集中在兩個方面；一方面，現代化使人類比以往任何一個時候都更能創造生物的生存基礎，同時又比以往任何一個時候都更能破壞它。現代化推動著人類朝著毀滅自己的方向行進；另一方面，現代化不僅耗盡了人類的自然資源，而且也耗盡了其道德資源。現代化通過誘導個人主義的極度膨脹而毒害了人類的整體意識。所以在西方世界便有了「後現代」（Postmoderne）或「第二個現代化」（Zweite Moderne，倡導人是德國的 Ulirich Beck）的號召，其核心內容就在於扭轉現代化的這種以自然與道德的終結為後果的盲目的自我演進的狀況，使人類有可能在一個可生存的生態環境中尊嚴地得以延續。

此時，由於西方世界在價值觀念上失去了根基，「一切都是可以的」成了行為準則，因而大部分人在尋求生活的目的與意義之問題上就都深感無助和無望。非常有趣地，早在兩百年前文學家 Marquis de Sade 便曾嘆道：如果沒有上帝，沒有道德原則，如果我們一天到晚總想著如何滿足自私的願望，那麼還有什麼能夠阻止我們共同把生活變成地獄？在他看來，天空上那由上帝空出來的位子不能用我們自私自利的人的軀體來填補。由誰來填補？我們找不到答案。而我們是否能從泰雅爾族傳說故事的認識中嗅到一個線索，那就是在這人們將生活變成地獄的年代，在這幾乎所有後補宗教都失敗的年代，我們空手而

立、苦苦尋求，Marquis de Sade 希望哲學家就回答一個問題：
什麼是好？什麼是壞？但由於哲學內部痛苦的爭論，在今天已
經沒有多少人還像他那樣寄希望於哲學家，沒有多少相信哲學
倫理可以為道德準則提供根據。

在我們談論德國應用倫理學的時候，相對於近代理論倫
理學，應用倫理學有一個特點，筆者願意與大家來分享：被
西方譽為責任倫理學大師的德裔美籍哲學家 Hans Jonas（1903-
1993）認為，以前的西方倫理學，不論是從時間還是從空間的
角度來看都算是近距離的倫理學，它所涉及的均是人與人之間
的直接關係，任何道德準則基本上都是以直截當下的適用範
圍。而 Jonas 則開創了一種遠距離的倫理學：從時間上看，不
僅目前活著的人是道德的對象，而且那還沒有出生、當然也不
可能提出出生之要求的未來的人也是道德的對象。從空間上
看，人不再僅僅是對人才有義務，對人以外的大自然、作為整
體的生物圈也有保護的義務，並且這種保護並不是為了我們人
類自己，而是為了自然本身。Jonas 的觀點，對當代應用倫理
學造成了極大的影響。他也指出道德對象還包括那些未出生的
未來的人，因為現代社會的實踐已經表明，今天人類對自然的
掠奪肯定會導致我們後代的生存基礎的毀滅，所以我們今天的
人對未來的人有著一種無可推卸的責任，我們有義務在我們的
需求、與未來人的生存之間把握住一個正確的尺度，有義務為
後人留下一個可以生存、可以居住的環境。因此，在道德的對

象之問題上，Jonas 的理論貢獻，獲得了大部份當代倫理學家的肯定。

　　但在 Jonas 遠距離的倫理學中還有以下的觀點來思考：不僅未來的人是道德對象，而且人以外的大自然、作為整體的生物圈也是道德的對象，大自然、生物圈本身就擁有不可侵犯的權利。非常清楚地，Jonas 是要建立一種新的「人與自然的等價的關係」。當然，我們也知道，他的這一觀點在德國哲學界引起了兩種針鋒相對的論戰，支持他觀點的這一方，是以 Robert Spaemann 等人為代表，他們認為動植物及無生命的自然物並不是人類需要它們才應受到我們的保護，而是因其本身擁有價值、擁有尊嚴、擁有美，所以我們必須尊重。Spaemann 認為只有摒棄作為近代倫理學之基礎的人類中心主義，把自然本身作為價值來看待，並強調人與自然的宗教式的關係，因為環境的破壞是在宗教意識日趨淡漠的情況下發生的，要保護環境就必須依靠宗教的力量，才能真正成功地維護作為人類生存基礎的大自然。筆者以為，從這一則泰雅爾族傳說故事中的信息意義，認真與平心來思考，「這就是泰雅爾族人必須勞動認真工作才有飯吃的原因」。

※參考資料：

01. 生態中心論的生態學 http://www.wretch.cc/blog/jenyau/1712
641

原始出處 :http://home.kimo.com.tw/dipskies/thesis_2.htm#2.0gaia

02. Aldo Leopold, 1949, A Sand County Almanac, by Oxford Universty
Press, Inc

03. 甘紹平，「德國應用倫理學的興起」收錄於《哲學雜誌季
刊，第 23 期》，1998，2 出版

五、泰雅爾族不斷裂開的民族

世界上有一個同語系的民族，居住於南北半球各處，尤
記得祖先的話語。雖然島與島相隔數千里，其生活空間完全仰
賴海洋在維繫，他們被稱為南島語系民族〔Austronesian〕。對
於南島語系的起源及擴散問題，國際學界一直以來即投以高度
的關注與興趣，算是一項熱門的研究題目。早期比較熟悉的說
法，包括該語系起源於麥克羅尼西亞、中國長江之南、中南半
島、西新幾內亞等不同說法。但是，自從 Shutler and Marck 在
1975 年發表了一篇論文，並論證說台灣是南島語系最有可能的
發源地以後，國際學術界就逐漸接受這種說法。尤其是在 Peter
Bellwood 於 1991 年在《Scientific American》這本期刊上發表關

於這個問題的論文以後,「南島語的發源地在台灣」這一個陳述,就幾乎已經是多數學者的共識。

另一方面,根據一項嶄新的語言進化研究顯示大多數太平洋地區南島民族人口均起源於台灣,而時間大約是 5200 年以前。奧克蘭大學的科學家們使用先進的電腦分析了大約四百種南島語系〔Austronesion Languages〕的詞彙之後,揭開了太平洋區人口是如何遷移的祕密。「南島語系是世界上最大的語言家族之一,大約有 1200 種語言分散在太平洋各處」,心理學系的 Russell Gray 教授這樣說:「太平洋地區的殖民過程是研究史前人口擴張最重要的環節之一。藉著研究這些語言中的基本詞彙,比如說對動物的用語、簡單的動詞、顏色以及數字等詞彙,我們便可以追蹤這些語言是如何進化。這些語言之間的關係可以告訴我們太平洋殖民歷史過程的細節。」又說:「我們使用先進的電腦模型並利用進化生物學中的語言資料庫來的研究結果」,電腦科學中心的 Alexei Drummond 博士這樣說:「藉著結合生物科學的方法以及語言學的資料,我們可以針對類似如人類起源這類問題進行研究。」該研究的結果已經發表在最新一期的「科學」期刊當中,裡面揭露了太平洋沿岸殖民過程的狀況,包括擴散的脈動以及殖民的終止資訊。大約在 5200 年前,南島文化從台灣橫跨了出去。在進入菲律賓以前,他們終止了大約一千年左右,接著便快速的擴展開來,從菲律賓〔Philippines〕到波里尼西亞橫跨了七千公里,這期間相當短

暫，約少於一千年。接續著斐濟〔Fiji〕、賽摩亞〔Samoa〕、東加王國〔Tonga〕、等殖民後，南島語系又再度停止了約一千年的時間，最後進一步擴散到波里尼西亞〔Polynesia〕，並抵達紐西蘭〔New Zealand〕、夏威夷〔Hawaii〕以及復活島〔Easter Island〕。「我們可以連結這些擴張的脈動使波里尼西亞群島之間有更頻繁的交流，而能發展出新的技術，例如更好的獨木舟或是社交等」，研究人員 Simon Greenhill 這樣說：「利用這些新的技術，南島語系及波里尼西亞語系便可以快速的從太平洋沿岸擴散出去，這可是人類遷徙的偉大旅程之一。這個研究也顯示出技術上的精進對於人們擴散到世界各地而言扮演著關鍵的角色」。[1]

　　在任何的時間與空間裡談台灣原住民〔泰雅爾族〕的問題，特別是起源及擴散問題時，絕不能將台灣原住民〔泰雅爾族〕或任何其他的民族被抽離南島語系的範疇來講，因為這樣容易被自認為強勢的民族所吞噬、這樣容易被主流社會所邊陲化、這樣容易被統治者統化及分化、這樣容易被該國多數非南島語族群所同化等。國際學界所瞭解地，從非洲的東南邊馬達加斯島與南美洲西岸的復活島，以及散居於南北半球的紐西蘭與台灣的原住民族，在二十世紀末成為語言學家所謂的南島語族。這一項研究及發現，原來這些散居在太平洋上成

---

[1]　原始報導：ScienceDaily：Pacific People Spread Taiwan, Lanquaqe Evolution Study Shows

千上萬個島嶼，說著 1200 餘種不同語言的近三億人口，從語言研究上的追溯，其有著共同的文化社會與祖先。因此，成為泰雅爾族的一份子能瞭解南島語系的文化歷史，與其起源及擴散的脈絡時，無不教人欣慰、雀躍與感動，在世界上我們並不寂寞啊！

　　但是，在今天的時空，談到泰雅爾族的起源與擴散時，心靈充滿著沉悶及惆悵，好像無法走出大霸尖山呼吸新鮮的空氣一般、好像無法奔到太平洋上搖槳快樂出航，泰雅爾族部落到處充斥著失望及墮落之情，既無奈又無依無靠；以漢人為主的主流社會又淫慾著想吞噬著我們生存的權利，政府的無能又沒有可信賴的政策作為生存的憑藉。透過筆者的部落田野調查工作，從耆老的口述得知，泰雅爾族能來到世界上參訪，是一件異常艱辛與奇妙的事，泰雅爾族被世界所發現是在一處極為艱困的環境中，也默默渡過黑暗的生活及越過困窘的環境，那是一個沒有人引導也沒有可依循之方向。因此，在遠古時代才有一個神話故事這樣說：

　　　「泰雅爾族人的祖先，最初是由石頭破裂而走出一男一女，但其一個男的不喜歡地上的生活，故又走回石縫裡。之後，地上那一男一女有次在蒼蠅的指點下，體會初交媾之法，爾後乃生育眾多子孫。」

還有另外一則故事，敘述看似稍長一些，但其意義則相仿，故事是這樣描述：

「最初，我們泰雅族打破石頭來到這個世間，事實就是有個大岩石的存在。是的，沒有錯，大岩石忽然裂開成為兩片，竟有兩個男人和一個女人，從裂縫中跳出來。此時，三個人所看到的只是純粹的森林和獸類而已。因此其中一個男人說：「我討厭住這樣的土地」便退縮回裂縫處。其他兩個人想要阻止他，卻來不及了，他已經鑽進去了，是的，確實如此。

後來，兩個人變商量：「要怎樣做才能把我們繁殖下來呢？」他倆一直不斷地想著這件事。起初，女人爬到山的鞍部去，叉開大腿讓風吹，以為這樣做就會懷孕，但沒有懷孕。他倆又想，是不是兩個人交接了就會懷孕？可是他倆無法馬上瞭解那種道理。他們從鼻孔、耳孔，嘴巴一一嘗試了，但都不對。有一天看見一隻蒼蠅振翅飛來停在股間，於是想一想，「這可不是神的啟示嗎？」他倆就嘗試了。終於得到生物的思考，即性慾，而如願，得到滿足。不久女人的身體就變化，肚子慢慢地脹起來，到了月滿，就開起在家裡生孩子。那個母親和父親非常高興。高興大岩石裂開，成為我們泰雅族增殖的起源。」

　　在泰雅爾族部落許多流傳的故事典故中，有不少是描述泰雅爾族群的英勇事蹟，描述泰雅爾族的起源似乎也較難脫離這樣的敘述，我們看到不論是「石頭破裂而走」或「打破石頭來到這個世間」，都是在傳遞這樣的精神所在，這個故事似乎在一開始就清清楚楚地告訴每一個泰雅爾族人，你一生下來所面對的世界是一個非常猙獰的世界、是一個弱肉強食的世界、是一個以大欺小的世界、是一個以多佔少的世界、是一個少數暴力多數吃虧的世界、是一個官商勾結的世界、是一個多數暴力的世界、是一個貪婪又黑暗的世界、是一個包藏禍心的世界、是一個充斥假道士的世界、對泰雅爾族來講是一個以小博大的世界、是一個……，泰雅爾族毫無畏懼地將這些人一生的多種困窘打破殆盡之後，才看到世界的每一個角落，才腳踏美麗的世界。但是，總有些人是軟弱與膽怯的，除了現代社會適應性的問題以外，還有心理層面地抗壓性問題，最終只有選擇「不喜歡地上的生活」或「我討厭住這樣的土地」逃之夭夭；另一方面，我們也必須要瞭解，就泰雅爾族社會文化而言，故事中所謂地「退縮」是社會文化生活的全面失敗，是一種放棄泰雅爾族身份及認同的行為。

　　「要怎樣做才能把我們繁殖下來呢？」及「這可不是神的啟示嗎？」這是我們泰雅爾族的啟示文學，泰雅爾族是一個比較含蓄、內斂與羞怯的民族，有話不會直接表達，不會把話語打開來講〔ini si Ptgyah Kmayal〕，在傳述事件的時候必需繞一大

半的時程，其來意及重點才在謹慎之下慢慢地說出來。我們可以從故事當中瞭解，泰雅爾族對於所謂的「傳宗接代」這個事表達了甚為關注之意，以現代的眼光來看，可以想像在當時國民教育水平不高、衛生教育並不普及的時代裡，他們的努力不得不教人感佩。泰雅爾族的生活智慧，常常就在大自然界中發生與累積，也在大自然界中擷取與釋放，大自然界是泰雅爾族生活的一部份，泰雅爾族更與大自然融為一體，長久以來泰雅爾族絕不放棄對大自然的尊重。

遠古時代的泰雅爾族踩著時代的經緯，Qbuta〔菇浦大〕大頭目及祖先們帶著族人順溪遷徙，族人腰繫刀箭，背著簡單的包裹，開疆闢地建立部落，每一次的遷徙就再一次向世人見證泰雅爾族對環境生態意識的強調，當生活空間受到擠壓或不足時，不會對環境上開下挖的濫墾，絕不會使大自然遭到破相。和現代人的思維不同，當人們的生活空間受到擠壓時，炒地皮蓋大樓，讓該地區的人口密度只有再創歷史。泰雅爾族透過遷徙建構有關環境倫理、保育觀念以及倫理道德的思想系統；「高興大岩石裂開」就是承載著繼往開來及承先啟後的大使命，透過遷徙找到「大岩石」，也讓岩石不斷地裂開，讓泰雅爾族的煙火可以被延續，更讓泰雅爾族人找到整個部落的遷徙歷史文化、及族人的起源。

六、認知哲學、管理哲學和組織哲學 與泰雅爾族文化的對遇

　　我們知道，自古以來哲學所探究、所追問的終極問題是最為基礎性的，就好像德國哲學家康德（Kant）所問的：「人能知道什麼？」、「人應該做什麼？」、「人能希望什麼？」、「人是什麼？」，這些問題都是非常基本的，不是其他專門性的學科所能回答的，這種基礎的問題必須在哲學才能得到解答。

　　讓我們懷著上述哲學所追問的問題，再次進入美麗的新視界，在筆者踏察泰雅爾族的神話故事、傳說故事的時候，其中深邃的心靈受到無比之鼓舞及莫名的興奮，因為能有機會再次從泰雅爾族的傳說故事裡領受或發現包括了認知哲學（世界觀）、管理哲學及組織哲學的脈絡痕跡，也似乎在亙古時期的泰雅爾族早已召告世界，在泰雅爾族的社會文化傳統知識裡早已經產生了管理哲學這個系統，是屬於泰雅爾族自己的哲學系統，它並不是來自西方的，也不屬於中國的哲學系統；這實在是一件令人感到欣慰與榮耀的事。

　　　　古時沒有虱子、跳蚤等東西咬人，所以人們易於甜眠不醒，日已三竿而不起床者比比皆是，漫遊午睡之夢境中者更多。因此，辛勤工作者少之又少。如此下去，

也許會有一個匱乏的末日來到。為了阻止那一天的到來，社中有識之士群集會商，可是誰也無法提出一套可行良計，個個面色凝重。

突然之間，坐談席上的一個老人有了一個奇妙構想。他說：「祖先們傳說，離此遙遠的一處山懷裡，有個陰濕不潔的地方。那裡有兩種很奇妙的東西，一是虱，一是蚤，停在人的頭髮和衣服上面而不虞掉落，爬在人的身上而使人覺得奇癢無比。簡而言之，我們的偷懶是缺乏刺激所致，你們想，去取一些那種虱子或跳蚤的東西來如何？眾人贊成，公推三個青年，去採集那種不可思議的蟲子。團員們千里跋涉，終將兩種小蟲採回來了，而這些蟲子的繁殖力很驚人。自從引進之後，它就把貪睡賴床者咬一口，讓他掀被跳起，也在午睡者身上爬行，使之睡也睡不著，再者，夜間才拖出臼來舂者也全無。人們慶幸已經能將原本懶洋洋的惰風一掃而空。可是時至今日，牠的繁殖之速又是一個新的頭痛問題。」

假如我們從西方哲學的定義來瞭解，其實所謂管理哲學（managerial philosophy）就是對一般管理的世界觀（World Outlook）與方法論的總稱，是管理學與哲學的交叉部分，管理哲學兼具二者的特性。也就是說，管理哲學一般是指科學管理中的普遍原理、原則與哲學觀點。我們接下去來想，與此相

關地，有所謂的管理哲學與哲學化管理，細讀這個泰雅爾族的傳說故事也被提及相關的思想，那就是在這個思想系統裡所謂的哲學化管理，只不過是在管理方法上的一種表現，通過經濟的、數學的、社會學的方法，都可以研究和應用管理學。

因此，當我們細細品味上述的泰雅爾族傳說故事的時候，它所傳遞的內容與信息足讓讀者領略其中的奧妙，那就是正當泰雅爾族部落面臨生活空前的窘境，與族人陷入絕境的時候，部落中雖然有些人懶散或消極度日而不願工作、不願從容面對急迫地使部落族人慌張、迷茫及恐懼的略勢，使整個泰雅爾族捽到匱乏之地；可幸的是，還有一些有智慧的族人願意挺身而出對部落有所作為，最後雖然也是束手無策。但席間聽到泰雅爾族耆老如何回到『祖先們的傳說』裡積極獲取智慧，勇敢面對、誠實思考及克服無邊的恐懼，幫助部落及族人度過黑暗、越過苦難。最令我們值得珍藏的是，我們看到泰雅爾族通過部落會議，不僅凝聚了族人的力量，在部落耆老思想系統裡兼備了管理哲學（managerial philosophy）與組織哲學 Organizational philosophy）的系統概念在指導，強力阻止泰雅爾族部落匱乏的末日來到，更使得泰雅爾族及其部落所遭遇的問題終將迎刃而解。這個故事背後所依靠的社會哲學思考是來自泰雅爾族遠古時期的 gaga（祖先遺訓及耆老智慧），它兼容並蓄地引出泰雅爾族古老的社會與哲學思潮，我們可以看到透過這個故事的演繹及詮釋，讓遠古時期的原本神秘的泰雅爾族傳說故事被揭開，

亦讓世界領略了先進的管理哲學與組織哲學,這個故事的豐富性與多元性不僅更增添了泰雅爾族的可讀性與可久性。

對於哲學,也讓我們有一些最基本的認識,筆者在前面曾贅言,就定義來講,所謂管理哲學就是對一般管理的世界觀與方法論的總稱,是管理學與哲學的交叉部分,管理哲學兼具二者的特性。也就是說,管理哲學一般是指科學管理中的普遍原理、原則與哲學觀點。而組織哲學的定義,組織哲學是組織領導者為實現組織目標而在整個管理活動中的基本信念,是組織領導者對組織長遠發展目標、發展戰略和策略的哲學思考;在這一則泰雅爾族傳說故事裡我們清楚地看到,透過部落會議進行實踐活動時,參與的部落泰雅爾族人所提出的各種方法,都來自泰雅爾族對於世界觀的概念,也通過這個概念讓族人之間對話、並提出解決的方法,其所揭示的組織本質及其辯證發展的觀念體系。讓部落或世人知道組織哲學必須包括一些共同的觀念,集體主義觀念、主人翁觀念等。

就解決辦法或提出一套方法來講,當泰雅爾族回到『祖先們的傳說』裡的時候,整個部落及其族人毫無疑問已經形成共同的觀念,集體主義觀念、我是泰雅爾族人,非我莫屬的主人翁觀念與意志。同時,在這個傳說故事裡,我們也看到古老的泰雅爾族其實試圖建立「管理哲學的體系架構」,它的哲學基礎是來自古老泰雅爾族的世界觀,從泰雅爾族的社會文化體系中也試圖讓我們可以瞭解,所謂世界觀(也叫宇宙觀),是一個人

對整個世界的根本看法，世界觀建立於一個人對自然、人生、社會和精神的科學的、系統的、豐富的認識上，它包括自然觀、社會觀、人生觀、歷史觀。世界觀不僅僅是認識問題，而且還包括堅定的信念和積極的行動。另一方面，世界觀認知哲學和 generative science 中的重要概念，這個詞表達的是人所擁有的廣泛世界的認知，而這源於他們對於這個世界獨特經驗，或者更狹義地說，是民族經過長久時間以來對於世界的詮釋。

　　由此看來，我們就會比較瞭解泰雅爾族上述傳說故事所引出的泰雅爾族宇宙觀（世界觀），及其固有之哲學觀點。泰雅爾族語 Babaw Cinbwanan，假如從字面上瞭解，Babaw 是上層的、上等的、上面的等之意；Cinbwanan 則是宇宙或世界之意。而 Babaw Cinbwanan 則應該是上層的世界、宇宙或大地之意，但一般的用法則是世界、宇宙或大地之意。因此要瞭解 Babaw Cinbwanan 整全的意義，乃是泰雅爾族的宇宙觀或世界觀。其意表的正如泰雅爾族部落智者 Atung Yupas（阿棟 • 優帕司）牧師所說的 cyux kya qu kwara qsya（該處有水）、cyux kya qu kwara nniqun tayal，cyux kya qu kwara qqyanux tayal，（水中有人類可食用的所有礦物質，水中有人類可生存的所有生物），giwan khu tayal（就好像是人類的倉庫）；其次，Cinbwanan qasa qa maki lalu qhuniq ru hzyal nya，（該世界有樹林及土地的名字），giwan khu tayal（就好像是人類的倉庫），maki squliq sghiluy ru maki tninun qbuci squliq，（該處必須有煙火和有人的軀殼），

maki kya qu sinbilan ke（該處有人類的誓約、立約或語訓），
maki kya qu tayux hinlungan，（該處有人類的狼煙），maki kya qu
tulin tayal，（該處有人類的指標），maki kya qu lyus (abaw) tayal，
（該處有人類活動的方向），maki kya qu rapal tayal，（該處有人類
行動的腳蹤），maki kya qu qlyum tayal，（該處有人類的濕地），
maki kya qu sbqi tayal，（該處有人類的泉源），及 maki kya qu cicis
tgleq，（該處有瀑布）是人類取水與生命之地，並成為泰雅爾族
的後代都應知道，在該處必有神靈之橋（彩虹），因此，就在彼
端必產生代代相傳的泰雅爾族後代。

　　直接或間接地讓我們知道，不論從現代的知識系統如人文
科學或社會科學都沒有告訴我們，所謂泰雅爾族宇宙觀（世界
觀）是屬於個人所有或私有的；從傳說故事裡，也沒有任何線
索可以被發現所謂的泰雅爾族宇宙觀（世界觀）是可以屬於個
人所有或私有的，對亙古的泰雅爾族傳說故事在部落一般的瞭
解，所謂泰雅爾族宇宙觀（世界觀）是部落族人所共有及共同
使用的，假如用現代社會語言來說，即泰雅爾族只擁有所有權
及使用權而已。換言之，由此邏輯瞭解，既然泰雅爾族及其部
落自古以來只擁有所有及使用權，當然生存在所謂的宇宙（世
界）及大地裡的泰雅爾族群，理當負有管理的責任來回應他們
對於所擁有的社會管理哲學思考。

七、文面圖騰原始的意義與現代思考

我們先來瞭解，對於文身（tattooing）在人類學及文化研究上的說法，指的就是在一個社會群體（如世系群或氏族）與某種鳥類、植物或自然現象的象徵相互關聯；另一方面，在古典的形態，它是一個社會群體成員對自然物種的成員與某些特別的宗教產生關聯。簡言之，文身在人類學上是指在人體皮膚上留下永久的花紋，是用來美化身體。從過去到現在這般文化風俗流行甚廣，分布在世界各地及族群間，我們知道其中以波里尼西亞（polynesia）與日本最為特殊。在台灣的原住民部落裡，有一篇被傳頌的泰雅爾族傳統而古典的神話，這樣說地：

> 昔時，有兩男在獵獲的人頭上刺紋玩耍時，發現所刺的
> 花紋不褪色。他們認為很美觀，便在自己的臉上刺紋。
> 此後開始了男人刺紋之風，並定獵頭者得刺紋。

就像上述經典的泰雅爾族神話故事所描述的情節及意義一般，之所以會被傳頌，自然有其民族文化文學之張力、令人觸動心思的劇情及背後當代社會所需的養份等等，包含泰雅爾族及其他民族的相關故事，我們用心考量一些比較古老的社會而向，可能也是學術上的思考，與文身或圖騰相關的線索，或許包括：

（一）宗教型式上的

　　有時候文身圖騰與族群的原始宗教相關，例如圖騰崇拜是一種原始宗教的型式，又包括著氏族社會的一些制度。圖騰指的是一個民族的標誌或圖徽，然圖騰崇拜的動物是不能捕殺的，只能在特殊之場合舉行祭祀時才能宰殺牠。我們看看澳洲的情況，他們認為靈魂會離開身體，同時會停留在圖騰（即生物的替身）上。我們知道，在原始民族的信仰中，總認為本氏族人無論血緣親疏，都有一個共同的祖先，該祖先是一個非常神聖的事物。因此，圖騰崇拜即以某種圖騰命名的氏族，對該圖騰的起源和圖騰相關的自然對象的崇拜，以及由此而派生出的儀禮、禁忌、制度與習俗。

　　另一方面，圖騰（totemism），基本上是用來指一種信仰與習俗之體系，它具有存在於群體和某一類實物之間的神秘或祭儀關係。這類關係一般來說，它是表示：1. 是禁忌，例如禁止傷害與其圖騰有關的動植物；2. 對親屬關係的信仰，相信族群成員乃是某一神秘圖騰祖先之後裔，或者說他們和某一種動植物是「兄弟」（王雲五 1971）。

　　我們也看到，有一些學者提出別於一般的觀點，就像 D.E.Durkeim 在其《宗教生活的初期形式》一書中，他認為最原始、最簡單的宗教存在於最簡單形式的社會中。在他看來，圖騰就是宗教的最初形式，它不是虛幻的現象，不是初民社會

頭腦中憑空思維出來的東西，而是某種無名的和無個性的神聖力量，這種力量本質上就是統治人類的社會力量。他以澳大利亞的部落社會為例，如無圖騰，澳大利亞的部落社會簡直不能存在，因為部落成員並非依住處而結合，也不是依血緣關係而結合。其社會個體只根據自己與某一圖騰的關係，牢固地結合起來，透過圖騰信仰使個人覺得更堅強、更有自信心。除此之外，D.E.Durkeim 認為圖騰概念，基本上代表著社會群體之集體生活，並且以之作為一種整合的力量。他指出圖騰不僅界說為氏族或族群之宗教，它更是一個複雜的宗教體系，使部落的運作有如一個整體（D.E.Durkeim 1916）。

　　原始民族的社會集團，採取某種動植物為名稱，又相信其為集團之祖先，或與之有血緣關係。作為圖騰祖先的動植物，集團中的成員都加以崇敬，不敢損害、毀傷或殺生，犯者必要接受處罰。同一圖騰集團的成員，概可視為一完整的群體，它們以圖騰為共同信仰。身體裝飾、日常用具、住所墓地的裝飾，也採取同一的樣式，表現同一的圖騰信仰。男女達到規定的年齡，舉行圖騰入社儀式。又同一圖騰集團內的男女禁止結婚，為絕對的行外婚制。在泰雅爾族傳統的習俗，文面代表成年及其成就的標記，沒有紋面的人將無法得到族人的尊敬及認同，更無法論及婚嫁（古野清人 1963、孫大川 2002）。

（二）分辨家族譜系

文面的另一個重大意義，就是以其圖紋分辨家族譜系，以方便將來在彩虹橋上與親人相認。根據泰雅爾族被傳頌的傳說故事描述，人過世以後，靈魂都會走過一道彩虹橋，泰雅爾族的祖靈們會在橋的彼端迎接子孫到祖靈世界，而文面正是祖先留給後世子孫一項認祖歸宗的應允和約定（鈴木質 1932；佐山融吉 1985a）。另外，文面還有辟邪、美觀的作用，經過完整文面的泰雅爾男女生，會受到族人的認可、敬重，死後則可順利通過彩虹橋，到達祖靈承諾的安息之鄉。因此，以現代觀點，我們可以說文面是泰雅爾人與祖靈團聚的通關護照。不同的文面形式也足以做為本族內不同部落、氏族、系統、群體乃至於部落之間的識別。

（三）宇宙觀

泰雅爾族文面也關係到傳統部落的宇宙觀，就像 Hamblys 在 他 的〈The History of Tattooing and Its Significance〉中 提 到的：「許多的原住民族像是波里尼西亞人對於文身在信仰上的觀念，呈現出原住民族的一種邏輯，……有足夠的證據顯示也不難聯想，形成如此合理的通徹系統：認為身體紋飾是牽涉到永生及死後靈魂的艱難旅程……」（Hambly 1925）。泰雅爾族人在傳統的文面圖騰上也有類似的想法，也會牽涉到「死後的

世界」的觀念。傳統社會的泰雅爾族人大多認為，人死了之後要回到祖靈的懷抱，有文面的人就可以通過彩虹橋輕易到達終點。相反地，沒有文面的族人就必須走橋下，要花費更多時間而且艱難重重。對泰雅爾族來講，文面不僅是生命中的重要歷程，也是和祖靈的約定（古野清人 1963；孫大川 2002）。

　　泰雅爾族民風非常謹慎保守，對於婚前性行為異常忌諱，如果有年輕男女在婚前發生關係，就會觸怒祖靈。進行文面之前，文面師一定會告誡，並一再的詢問是否有過不道德的行為，有否超越了道德的界線等，此類情事如果有的話，必須做特殊的儀式來替文面者除厄運。文面後，若是發高燒或是文面的文樣變醜，一般會歸咎於文面者已違犯禁忌。文面必須在結婚之前施行，如尚未文面而先與人發生關係，則沒有人願意為其文面，或需付出數倍的代價，才有人肯為之施行（李亦園等 1964；佐山融吉 1985 a）。

（四）成年禮的標記

　　泰雅爾族的文面也與傳統部落的文化價值觀產生關係，依據部落耆老 Akyo Nawmin（阿給佑 · 優命）的說法，在部落裡不論男女性的族人已過了適婚年齡，臉上就必需文面，此時的文面就等於正召告整個泰雅爾部落或世界，已文面的族人已達成年了，部落所有的傳統技藝（如狩獵及編織……）及基本的家庭生活需求（如家事……）都已學成，男可娶、女可嫁；相

反地，族人雖已達適婚年齡，但是臉上卻沒有文面，那就是表示他們對於部落傳統技藝及基本的家庭生活需求都未學會，不單自己，連同他們父母親都會遭到部落族人的譏諷嘲笑，更沒有人會登門提親。

※參考資料：

01.《苗栗縣泰安鄉泰雅族紋面耆老口述歷史之研究報告》，（雪霸國家公園管理處保育研究報告），民國 97，12。

八、西方的浪漫主義闖入泰雅爾族的文化裡

　　在幾回刻意的情況下，重新閱讀一篇關於「人變昆蟲」的泰雅爾族傳說故事，它描繪的不僅非常有趣，同時文情並茂美麗極了；讀來其中的那個美少女她那份為情傷悲犧牲令人動容而傷心欲絕之情，讓人不得不憐惜心疼。這個故事是如此：

　　某地有一位少女，她那幾乎可以透光的肌膚尤其迷人。可是，到了夜裡，這一個少女就無緣無故地哭得死去活來，頗有傷心欲絕之狀。雙親不得安眠，只好起床拿地瓜等東西給她吃，或百般安慰她。可是愈是理她，她就哭得愈厲害，使得雙親大傷腦筋。一天夜裡，少女的哭聲突然停止了。接著她的身體竟然頓時粉碎，變成無數閃閃

發光的小東西飛走。現在的螢火蟲都是她的後裔。昔日的
她流過太多眼淚，所以，現在她要為情、為意而燃身。

　　坦誠說，筆者赫然發現從這篇傳說故事的結構、敘述方
法、唯美哀傷及文情強烈的情感與想像力，企圖顛覆傳固有傳
統社會體制及社會思想等，看到十八世紀末、十九初西方的浪
漫主義（Romanticism）走入泰雅爾族的傳統文化的世界裡，
是西方浪漫主義的思潮走正門的方式進入泰雅爾族浩瀚的文化
裡，並且彼此相容互不排斥。

　　讓我們來考察一些關於浪漫主義思潮的興起簡史，雖有其
難度，願借用先輩之智慧試圖努力以求圓滿，方便進入與窺覬
泰雅爾族的傳統文化（傳說故事）；十八世紀末、十九初在首先
德國，繼而在英、法、美乃至全歐洲出現了一股強大的浪漫主
義思潮。它像一位為人久盼的神祇，走遍全歐洲，把一種新的
靈性帶到人們的心中。一百多年來，浪漫精神不但在許多民族
中紮根，而且肆意風靡蔓延。以致在今天，「浪漫」和「浪漫主
義」這些字眼早已具有了複雜的、甚至矛盾的含義。政治上的
浪漫主義，本世紀更使歐洲深受其害，使人們不得不開始對它
進行批判的反思。但與此同時，由於技術革命繼大工業文明之
後給現代社會帶來了一系列荒誕不經的問題，人們對浪漫哲學
的興趣又自然而然地濃烈起來。

　　今天，美學不僅因為作為人性哲學的殿軍，必須關心人的

現實歷史境遇、關心人生存價值和意義、關心有限的生命的超越;而且因為浪漫主義最初是作為一種「泛美學化」的哲學,由德國浪漫詩哲們首先提出來(德國浪漫派的理論誕生於一七九五至一八〇〇),這種哲學是一種新型的美學,由此形成了德國美學上一條極為重要的浪漫美學思想傳統。

我們必須知道,歷史上任何一種思潮的產生,都具有社會史和思想史的根源。浪漫思潮的產生,簡單來說,就是歐洲近代以降,資本主義工業進程的產物。西方世界自文藝復興以後,就進入了以工業文明為主要標誌的資本主義歷史階段。自然科學的旨趣,隨著資本主義的擴展願望,而不斷增強,儘管近代自然科學的誕生,也是在努力掙破中古封建勢力的囚牢痛苦中誕生的。在這個時候,歷史上的先進人物們都有一種強烈的內在衝動,這就是征服自然、支配自然。要達到這一目的,首先必須去發現自然界的規律。於是,物理學得到長足的發展,伽利略、牛頓成為新時代的先驅。由此,一種自然實用主義、經濟科學主義開始影響人們的思維方式。十七世紀可以說是西方歷史上的一個新階段,因為以數學為基礎的物理建立起來了,進而機器的發展又為科學提供了更堅實的基礎,數學與實驗結合起來,機械式看待自然問題甚至社會問題的思維方式。有了自己的溫床。數學式、定量式的思維,成了解釋現實的首要工具,科學知識企求對人類文化一番技術的改造,經濟、貿易、技術、工場等,不斷擴大的工業化,逐漸改變了

人們的生活方式及生活內容（取自劉小楓著《浪漫・哲學・詩》，1990）。

　　被改變了的人們的思維及生活，並沒有因此而停止、休憩或自滿，人們的腳步始終是繼續往前邁進的。但工業文明的出現，是否真的那麼令人樂觀？十八世紀那些浪漫思潮的先驅者們，顯然對此懷有深切憂慮。盧梭就一定是嚇壞了，不然他的驚呼不會那麼刺耳，他竟說：「科學、甚至文明不會給人帶來幸福，只會帶來災難！」德國思想家的憂慮，就更為深沉和具體了。席勒看到：工業文明把人束縛在整體中「孤零零的片斷上」，機器的輪盤使人失去生存的和諧和想像的青春激情。費希特覺得自己簡直無法在這樣的世界裡安置自己的靈魂。對工業文明作憂慮的反思和批判，成為德國哲學的內在歷史要求（後來的馬克思，就是對工業社會最徹底、最科學的批判者），也是德國浪漫美學的內在歷史要求（取自劉小楓著，同上）。我們再來看，自然科學征服自然、獲取自然的旨趣，既然成為資本主義的歷史要求，它就必然力爭得到哲學上的支持。實際上，毋寧說，近代西方哲學是在積極主動為此提供支持。經驗主義、唯理主義都拼命尋找依靠知識的根據，力求精確地把握認識對象。古代本體論的優先地位，在此被認識論的優先地位所取代。這種認識論，竭力要想獲得關於自然知識的可靠性，不得不把數學的思維模式引進來。唯理主義一再強調要獲取普遍有效的知識，並肯定知識的標準是「理性」，知識必然具有數學式

的明晰性，各種命題必須在邏輯上相互有聯繫，只有合乎數學
模式的知識，才是真正的知識。經驗主義儘管強調，沒有經驗
就不能認識，純粹思想或絕對脫離感官知覺的思想，是不可能
的，但它仍然否認在數學以外，有獲得知識的可能性。十分明
顯，這些以數學為基礎的哲學旨趣，是經驗的「絕對有效性」，
這是認知主體在認識上的可靠前提和出發點。而人生問題、價
值論，卻被排除在其論域之外了（取自劉小楓著，同上）。

　　近代以來，經驗主義、唯理主義只是埋頭為自然知識尋找
智性的基礎，卻不問人生意義的靈性根據。固然唯理論和經驗
論中，都有不少人探究過倫理問題、價值問題。但是，他們套
用為自然科學知識尋找解決辦法的認識論，來追究價值問題，
實際是誤入歧途。兩難抉擇的苦惱、靈性升遷的狂喜、溫情的
愛戀、虔誠的悔罪、領悟神秘的感覺，都不是數學式的思維和
三段邏輯的推導，甚至那仿造自然體系的哲學體系，所能感觸
得到的。這樣，當為工業文明奠基的自然科學已滲入到人類生
活之中，改變著人與世界、人與人、人與自身的關係之時，舊
的荒誕還沒有解決，新的荒誕已經出現了。哲學本身的古老旨
趣，是探求人生的意義和歸依。這一旨趣必然與科學發生衝突。
它雖然被近代唯理論和經驗論擠到一邊去了，但仍然在那裡默
默地沉思，並越來越激動不安。伽達瑪曾說：「近代歷史時期以
來，科學與哲學之間長久未解的緊張關係，在本世紀可以說已經
到了極點。」正是在唯理主義和經驗主義以為大功告成的十七、

十八世紀，浪漫思潮在歷史的沉淪中，卻應運而生了。它與以數學和智性為基礎的近代科學思潮，拼命抗爭，竭力想挽救被工業文明所淹沒了的人類內在靈性，拯救被數學性思維浸漬了的、屬於人類心靈的思維方式。浪漫主義思想家馬丁・亨克爾寫道：「浪漫派那一代人，實在無法忍受不斷加劇的整個世界對神的褻瀆，無法忍受越來越多的機械式的說明，無法忍受生活的詩意之喪失。……所以，我們可以把浪漫主義概括為『現代性（modernity）的第一次自我批判』。浪漫哲學堅持反對以認識論排除人生論和價值論的立場，一再力證純粹知性的有限性。浪漫哲學的旨趣始終在於：終有一切的人，在這白日朗照、黑夜漫漫的世界中究竟從何而來，又要去往何處，為何去往？有限的生命，究竟如何尋得超越，又在哪裡尋得靈魂的歸依？」（取自劉小楓著，同上）。

一般的文學史和哲學史，都把盧梭視為浪漫主義的直接先驅，這當然是有道理的，盧梭明確提出近代文明的危害性，主張離開社會，返回自然渾樸的原始生活。盧梭最大的功績就在於他發出了挽救人類自然情感的呼喊。那探究人類情感的、質樸而不朽著作《愛彌爾》曾使康德激動不已。盧梭著重強調了人的同情心、人的友善的情感和崇敬的心情、倫論和價值方面的事，不屬於推理思維，而是屬於情感問題。人的價值，不在於他有知識、有智慧，而更在於他有道德本性，這種本性，本質上就是感情。使人完善的，是情操，而不是理性。的確，要

是一個人知識淵博，卻又冷酷無情、毫無內在靈性，他於一個幸福的社會，到底又會有多少好處呢？其實，浪漫思潮的先導，我們還應該追溯得更早一些，應該追溯到十七世紀的巴斯卡，這不僅因為他比盧梭更早看到：人不能從理智方面找到安身立命之所，要找到安身立命之所，就要靠情感、靠愛；更重要的是，他在笛卡爾的時代，就注意到要成為浪漫哲學核心課題的「有限」與「無限」的關係問題，即有限生命到哪裡去尋找永恆的歸依問題。他甚至已經敏感到人的虛無性、無根性等這些為二十世紀的浪漫精神所關注的問題（取自劉小楓著，同上）。

與此相得益彰的是，我們看到那個泰雅爾美少女的情況，好像在她的心靈世界，別人摸不著、也進不去，包括她的父母親也完全無法碰觸，當那個美少女「愈是理她，她就哭得愈厲害（愈難過）」時，在她心靈深處似乎有所奢求，極度盼望有人探究她的情感，激發人的同情心，並尋找到人與人之間的友愛及情感，但故事的發展，好像在告訴我們那個美少女最後走上失望之途。人們不僅沒有找到可安身立命之所，更不知道應該往那裡去尋找永恆的生命，為此那個泰雅爾美少女唯有被迫選擇「她要為情、為意及為愛而燃身」，藉此喚醒人們更臻完善的情操。也透過這個故事及那個美少女的經驗，讓我們可以嗅出其中的「心靈的邏輯」，她似乎在問她的父母親說：誰把我放到這個世界？我為什麼要到這個世界？我到底是誰？而這種種問題令她困擾不已！

　　在笛卡爾提出了「計算理性的邏輯」之時，巴斯卡就提出了「心靈的邏輯」。他深感困惑的問題是：「我不知道誰把我置入這個世界，也不知道這世界是什麼，更不知道我自己。」我們的生命，使我們不能認識到那出於虛無的最初本源，而我們短促的生命也使我們看不到無限。人竭力要找到一個堅實的地基，以建築一座通達無限的高塔，然而，人的整個地基都在動搖，大地崩裂為條條深淵。巴斯卡儘管生活在唯理主義盛行的時代，但他所關心的卻不是如何以數學式的思考方式去搜尋外界，而是認識人自身的內在，關心超越。他覺得人十分可憐，並不像唯理主義自信的那樣，人因有理性而萬能。在他眼裡，人不過是走迷了路，走到大自然這個荒涼角落裡的生物，人類可憐巴巴地被囚禁的小小牢房（則宇宙）中來估量自己的真正價值。他說，當人看到自己只是靠自然賜予的一點物質來支撐自己，處立在無限與虛無這兩個深淵之間，又怎能不戰慄呢？他又反覆問道：在無限之中，人是怎麼一回事？後來的浪漫哲學，一再企求有限與無限的「同一」，但巴斯卡認為：人永遠無法到達無限，無功破使人從中產生的虛無、及使人淹沒於其中的無限之迷。也就是說，人從何而來，去往何處，都是不可知的。除了懷著永恆的絕望外，人沒有什麼其他辦法。在這無限的虛無中，只有愛，才是安身立命的根據。針對整個生活世界中出現的輕狂和功利態度，以及隨之而來的人類靈性的喪失，浪漫哲學十分強調愛的作用。愛成為浪漫哲學的一個極為重要

的理論出發點。這與唯理主義過分抬高理性是針鋒相對的（取
自劉小楓著，同上）。

綜觀上述學者劉小楓所提出的關於「浪漫主義思潮的興
起」摘錄，讓我們從其發展脈絡當中可以有所發現與瞭解，其
實它所代表的通常是十八世紀晚期到十九世紀期間；浪漫主義
它致力宣揚被忽略的英雄個人所達成的成就；它正當化了個人
的藝術想像力，並將其作為最重要的美學權威之一，突破了對
藝術的傳統定義；它對於歷史和自然題材的強烈訴求，便是形
成這種理念的基礎等。而浪漫主義思潮特色，包括在整體社會
來講，浪漫主義運動是由歐洲在十八世紀晚期到十九世紀初期
出現許多的藝術家、詩人、作家、音樂家、以及政治家、哲學
家等各種人物所組成；其詳細特徵和對於浪漫主義的定義，一直
到二十世紀都仍是思想史和文學性愛史界爭論的題材；美國歷
史家亞瑟‧洛夫喬伊（Arthur Lovejoy）在他知名的《觀念史》
（1948）一文中試圖證明定義浪漫主義的困難性，一些學者將浪
漫主義視為一直持續到現代的文化運動。一些認為它是法國大革
命造成的直接影響，另一個定義則來自夏爾‧波德萊爾：「浪漫
主義既不是隨興的取材，也不是強調完全的精確，而是位於兩者
的中間點，隨著感覺而走。」；文學裡經常可以發現的特色在於對
過去歷史的批判，強調婦女和兒童，對於自然的尊重；一些浪漫
主義文學家如納撒尼爾‧霍桑還將他們的根基於超自然／神秘
學和人類心理的基礎上，他們對此深深著迷；浪漫主義的文學作

品通常注重於情感和想像，其他德國浪漫主義文學經常出現的題材還包括了旅行、自然、以及古代神話。晚期的德國浪漫主義文學則通常帶有較為陰暗的風格，並且帶有一些歌德小說的成分；及對許多中歐地區人民的民族意識覺醒起了極大作用，讓他們感覺到缺乏自己民族國家的困境，尤其在波蘭。自從反叛運動被尼古拉一世以軍隊平息之後，波蘭就一直喪失了主權地位，而透過浪漫主義詩人和畫家所重新引進的古代神話的、傳統，以及習俗，這些地區的人民開始得以將他們自己的文化從支配國的文化中獨立出來；以及浪漫主義最為人所知的影響之一是它帶來民族主義思潮，民族主義成為浪漫藝術和政治哲學的一個中心題材。從早期開始，浪漫主義就注重於國家語言和民俗的發展，強調地方的傳統和習俗，直到後來重塑歐洲國家版圖並且掀起了民族自決風潮，民族主義一直是浪漫主義的主要題材，也成為其扮演的主要角色、表達方式、和內涵等等。

　　古希臘的亞里士多德曾說：「詩人的職責不在於描述已發生的事，而在於描述可能發生的事，就是按照可然率與必然率可能發生的事。」這就是對古代文學中浪漫主義手法的概括。如果我們閱讀這一篇關於「人變昆蟲」的泰雅爾族傳說故事，我們的耆老們的智慧不僅符合浪漫主義描寫的手法，在敘述上不難發現它其實一直以來正敘述著一個屬於泰雅爾族及部落（社會）的故事、屬於泰雅爾族婦女的故事、正敘述一個長期渴望平等及自由地位的少女的故事、也反映社會底層人民爭取自由

的鬥爭的故事、對正義和幸福的未來的嚮往的故事；強調對個
性和情感表現的強調、對幻想的主觀世界的偏愛、對比喻（寓
意）和對比以及燦爛色調、大膽構圖的愛好的故事；以及我們
也可以用今天的語言來講，「人變昆蟲」的泰雅爾族傳說傳說故
事它肯定人和人的精神世界的價值，爭取個性的解放，特別關
注在資本主義制度之下受壓制的個性和人權的故事；它反抗資
本主義社會，但卻看不清未來的前途；有時展望未來，把希望
寄託於空想的世界裡，寄託於遙遠的國家、時代和遠離現代的
生活方式上的故事；有時回顧過去的故事等等。

　　我們似乎可以大膽地說，由這一篇「人變昆蟲」的傳說
故事得知，它不失為一個泰雅爾族的美學經驗之文哲學代表
作。可以清楚從那個美少女身上看到，她對於情感的執著與
表達、對環境之不安與驚恐的情緒、對以男性為主的傳統社
會體制的不滿及企圖顛覆；同時也可以從這個故事當中看到
一個繪圖，那就是想用自然環境來解釋人類的活動（包括語
言、傳統及習俗等）。另一方面，「人變昆蟲」的傳說故事對
世人來說，它也是歷史「事件」的本身，而這個事件是講述
以泰雅爾族為主的未知的世界，「事件」本身其實就是涵蓋了
世界及泰雅爾族的歷史、文化、社會、文學（詩歌、神話及
傳說）、藝術的、gaga 禁忌及哲學等的現實部份，它具有拆毀
與重建的深沉意涵及行動力，那個美少女在控訴的史實是泰雅
爾族社會，及一直以來忽視了的婦女應有的社經地位；從未予

重視婦女在以男性為主的社會的聲音；更透過泰雅爾族「人變昆蟲」的傳說故事讓西方浪漫主義思潮有機會闖入泰雅爾族的文化裡，使之擦出社會與歷史的火花。我們可以說，經過那個美少女的努力與耕耘，她引進十八世紀末、十九世紀初的浪漫主義思潮硬是進入保守而反動地泰雅爾族社會文化中，並企圖顛覆固有傳統的思想。

　　今天的泰雅爾族社會更花了不少的時間及人力去回應，那個美少女的「心靈世界」、今天的學術界亦花上諸多的心力、人力及財力想去尋找那個美少女的「夢想世界」所建構的真理。時過境遷，我們企圖要去尋求、去追究到底那個美少女的「心靈世界」和現實社會又有什麼樣的關聯性？誰又在企圖在什麼樣的時間點去聯結？我們似乎在未知的世界中，那個美少女正提供這個現實的社會一個足以使人看到的、教人可以忍受的、同時不以數學式的、不以唯理的、更不是那麼機械式的生活方式；並可以透過泰雅爾族的「人變昆蟲」傳說故事裡的那個美少女所傳遞悲傷與哀怨之情，使部落、使社會以及使世界都能看得到屬於人們的情感的、同情心的、憐憫的、自由的、平等的以及上帝的愛，並使之充滿在人與人、人與世界的關係中，教每一個人更懂得使用屬於人、屬於社會的公義與解放。

　　因此，我們看到那個美少女將她的「心靈世界」透過情緒傳遞出去，好讓她的「世界」與人們的真實世界對遇；好讓她未知的「世界」與將來的世界連接重疊；好讓她的「世界」與

西方的浪漫主義的世界纏綿悱惻，使之變成一個地球村。我們覺得這也是使泰雅爾族的文化綿延不斷的重要因素之一吧！我們可以從這樣的解放經驗瞭解，文化的發展與歷史、部落、人民的生活環境息息相關，同時在一定的生存條件下，沒有文字的民族透過神話傳說、歲時祭儀、gaga 禁忌等宗教儀式與概念，來為自己建構一種象徵意義的世界。人類是依據其建構的意義體系生存於自然界，這意義體系是符號與象徵的體系，也就是文化。台灣原住民經過千萬年的生活粹煉，孕育出豐富多元的民族文化。

九、意表的是自然現象之海嘯事件

我們知道，不論在台灣或世界上原住民族的神話故事中，都有著關於「洪水」的傳說記載，泰雅爾族自然也不例外，故事是這樣講：

> 據說，古時沒有深谷和斷崖，放眼望去幾乎都是平坦的平
> 地，一日，卻有洪水大氾濫，蕃人們被迫不斷往高處遷
> 徙，後來已遷至大霸尖山山峰頂。於是蕃人們將一個最不
> 中用的人扔進水裡獻神，怎料水勢不減反增。後來，決定
> 將頭目的女兒給獻出去，此刻立即傳來似斷崖崩塌的轟
> 聲，而後水退。自此，地面上開始有了斷崖與深谷。

　　這是一則是非常經典的關於洪水的故事，如果我們回到故事本身，似乎比較容易理解這則「故事」的意義。表面上看來，總以為泰雅爾族部落因故突然發生一場大洪水，使部落一下子陷入從未曾遭遇的絕境，族人被摔到萬劫不復苦不堪言之地，族人趕緊想盡辦法面對這一個突如其來的災難。因此，故事中我們看到的是，「只要獻給神一位美女」、「只要把兄妹夫妻丟入水中」、及最後「將頭目的女兒獻出去」等辦法，洪水就會立刻退去，這是一種文化倫理的瞭解。另一方面，這樣的理解，好像單純地在傳遞一個屬於文化及社會上的道德倫理的觀念，讓我們想到，十九世紀西方的哲學價值觀深受理性思潮與進步概念的影響，文化相對論就是對這種道德與智慧的進化論的一種深刻的反省；換言之，十九世紀末政治、經濟與社會的動盪不安所帶來的悲觀氛圍促成了人們價值觀的改變。二十世紀初，人類學者不僅摒棄種族能力差異之說，還主張我們必須完全容忍其他民族的生活方式。因此，即使是我們感到怪誕的文化習俗，也應是和我們的生活方式同樣適切，並應受同等的尊重。誠如美國人類學家，同時也是文化相對論的力倡者露絲・潘乃得（RuthF. Benedict 1887-1948）所說：「人類利用生存資源所創造出來的種種生活模式，都同樣有效，更應該共存。而各種生活模式即是希望的根基，容忍的出發點。」這種平等原

則與容忍態度即是文化相對論的主要精神所在[2]。

有了這一層的瞭解之後，我們似乎可以更進一步的去解明這則故事原始即存在的相對意義，「族人必需將有所作為」，「才會獲得神的應允」；也就是說，正在受遭逢苦難的族人，為要解決眼前的災害，決定「將頭目的女兒獻出去」，最終獲得「洪水退去」的結果，雖然造成地面上產生了斷崖與深谷，而這樣的結果是神應允族人的有效作為。

除此之外，泰雅爾族的這一則故事也透露出，「古時候並沒有深谷和斷崖，洪水退去之後，地面開始有了斷崖與深谷，放眼望去幾乎都是平坦的平地」。但有一本書名叫「世界又熱又平又擠」（湯馬斯・佛里曼 Thomas L. Friedman 2010），這本書告訴我們，光知道「世界是平的」還不夠，因為世界又熱、又平、又擠。作者說，這一回，我們總算可以不用為了抹平全球市場而感到恐慌，因為「綠能革命」是畢生難逢的大規模經濟轉型與投資機會，也會從根本徹底解決整個地球與人類所面臨的危機。從泰雅爾族的這一則故事中，我們愈來愈發現並不是人類需要付出極大的心力去抹平已「開始有了斷崖與深谷」的生存環境，而是那個所謂「望去幾乎都是平坦的平地」，早已不復存在。

我們以為，泰雅爾族的這一則神話故事，在其深邃地語

2　參見露絲・潘乃得著，黃道琳譯，《文化模式》，頁 327，台北巨流，2011 出版。

言關聯性意義裡，所意表的並不是只有文化與道德倫理上的意涵，十九世紀末所說地「……動盪不安所帶來的悲觀氛圍」，更是她所要表達的積極意義，這則故事其實她再再提醒世界、苦口婆心地給人類忠告是關於海嘯的自然現象事件。理解上，就是在泰雅爾族的部落（台灣）曾經發生一場大海嘯（大洪水），使原本「放眼望去幾乎都是平坦的平地」，讓洪水海嘯灌過之後，變成「有了斷崖與深谷」。依據科學的瞭解，海嘯發生的原因，若海水原本的平衡狀態瞬間被破壞，破壞的能量就會轉移到海水，使海水突然獲得大量動能而引發海嘯。這有以下三種可能的原因：（1）巨大外物（例如彗星）撞擊海洋；（2）海底山崩塌；（3）海底淺層地震[3]。故事其內容描述的更為驚險及清晰可見，當泰雅爾族人「決定將頭目的女兒給獻出去，此刻立即傳來似斷崖崩塌的轟聲」，所謂「斷崖崩塌的轟聲」，也有可能是地震或地震引起的大海嘯，教我們不可不防啊！

我們也從泰雅爾族的神話故事中得到印證，台灣曾經在一七八一年在臺南，一八六七年在基隆、淡水，都有大海嘯的紀錄。台灣位於歐亞大陸板塊與菲律賓海板塊邊界上，斷層經過臺灣陸地，由於南方海域及東北方海域都是板塊邊界的隱沒帶（海底逆斷層），因此，海嘯可能在南北兩端發生，侵襲台

---

[3] 行政院國家科學委員會，http://web1.nsc.gov.tw/ct.aspx?xItem=8161&ctNode=40&mp=1，孫鎮球（成功大學地球科學系）張貼於 2005.2.14。

灣[4]。雖說在舊約聖經挪亞事件[5]中裡看到大洪水的記載。事實上，從泰雅爾族的道德與智慧生活經驗裡，也可以親身經歷與目睹大洪水的歷史痕跡，部落的耆老及祖先們常常在深山在獵場中，拿著河床常見的卵石告訴後代子孫說，這是大洪水事件的證據，是我們祖先們曾經遭遇到歷史事件啊！在高山峻嶺中，對於故事所說的「地面上開始有了斷崖與深谷」，感受是特別深刻地。

十、出草文化高舉公義的旗幟

近幾年來，我們看到台灣似乎有愈來愈多尖銳的社會問題不停也不斷出現，而這些尖銳的問題是多層次與矛盾的，歸根究底，其中一個核心的問題是社會公義出了問題。社會公義其實也是基督教的核心價值之一，然而，面對社會公義與基督教的核心價值問題時，台灣教會及其信徒似乎在這方面沒有足夠的教育及訓練，我們可能需要在這方面分工合作才能發揮所長。

聖經有多處直接或間接地提到公義，而所謂公義有很多種類。有些經文談到的公義未必一定是指社會公義，例如末世的審判應該是神對世人的報應（Retributive Justice）而非資源分配

---

4   同上。

5   希伯來聖經（俗稱舊約）創世記 **7~8** 章。

的公義（Distributive Justice），後者比較是我們談論社會公義的重點。有些經文強調世人應該「行公義、好憐憫」（彌迦書六章 8 節）；有些經文要世人照顧社會的弱者，因為上主說：「這些事你們既做在我這弟兄中一個最小的身上，就是做在我身上了」（馬太福音二五章 31~46 節）。對這些經文，一般信徒未必能全然瞭解其中意義，但教會牧者的職責，正好就是教導信徒如何理解，從神的公義到社會公義對基督教、對社會何其重要。

我們當知道，公義有兩方面的意義：一為內在道德的優越（justitia intema）；一為外表行為的正直。希伯來文，這個字乃有各種意義，在物質上，是指一直；在道德上，是指正當；亦指公義，合乎公正或律法的要求。在希臘文，從物質的意義來說，是指相等；從道德的意義來說，是指正當或應當，合乎公正與正直的要求。在拉丁文，則 justus 與 justitia 兩者可適用，是指正當應當之意。

因此，當我們以上帝為我們德性之本的時候，便以他為聖潔，若我們從他處理世人的觀點來說，我們便以他是公義的，他是一個公義的主宰；他一切的律法，無不聖潔、公正、和良善。他處事沒有偏私，審判力求公正；他從不處罰無辜，也不放縱罪人。

由此看來，讓我們曉得公義可以分為兩種來說：一種為正直的公義（rectoral justice），　種為分配的公義（distributive justice），而後者又可分為①報償的公義（remunerative justice），

與②報應的公義（retributive justice），說明如下：

　　所謂的正直的公義，顧名思義乃是上帝統治世人，對善惡的賞罰所彰顯的正直與公正。因此，上帝為表彰他的公義，便在世上建立道德的政府，對人類製訂律法，應許獎賞守法行義者，懲罰悖逆作惡者。在舊約裡，我們清楚看到上帝乃是以色列人的立法者，就像聖經記載說：「耶和華是審判我們的，耶和華是給我們設律法的，耶和華是我們的王，他必拯救我們」（以賽亞書三三章 22 節）。而且上帝的律法是公義的，就像聖經記載說：「那一大國有這樣公義的律例典章，像我今日在你們面前所陳明的這一切律法呢？」（申命記四章 8 節）又記載說：「耶和華作王，……王有能力，喜好公平，堅立公正，在雅各中施行公平和公義」（詩篇九九篇 1、4 節）。

　　與「正直的公義」密切有關地，乃是「分配的公義」。這個特別指上帝在執行律法的時候，所作的賞罰而言。就好像聖經所說地：「你們要論義人說，他必享福樂，因為要吃自己行為所結的果子。惡人有禍了，他必遭災難，因為要照自己手所行的受報應」（以賽亞書四章 10~11 節）、「你竟任著你剛硬不悔改的心，為自己積蓄忿怒，以致上帝震怒，顯他公義審判的日子來到。他必照各人的行為報應各人」（羅馬書二章 5~6 節）等等，其他經文還有非常多的記載，在此不克俱引。也有些人以為上帝懲罰罪人，僅僅是為了要改造他們，其目的只是在警戒他們，不要再犯罪。但這樣的說法，實非確實或妥當，並難以成

立。因為我們要知道，上帝要懲罰罪惡，其目的乃是在維護他的公義；至於改造罪人，警戒他人，使其不要再為非作歹，僅是從屬之目的。

提到社會正義讓我們想到希臘哲學家柏拉圖（Plato ca.427-347 B.C），歷史上，從柏拉圖反駁 Thrasymachus 關於正義只是強者的論點以來，社會正義（Social Justice）一直都是個非常媚惑人心的概念。在理想國一書中，柏拉圖就主張一個理想的國家必須柱立在四個基礎上：那就是智慧、勇氣、節制及正義。而社會正義中的社會原則是指將正義這個概念實踐於律法上，並且因為每個社會的文化、政治以及道德觀都不盡相同，所以社會正義在不同的社會中也有著不同的意義與實踐。另一方面，社會正義也指社會上不同階級與領域之間付出和所得的公平性。因此，這一個名詞也常常被政黨拿來做為所得重新分配的依據。

對社會公義與基督教的核心價值有了最初步的瞭解之後，讓我們回到台灣原住民族的出草文化這個領域，在我們的理解所謂的出草文化包括泰雅爾族的獵首習俗，過去常常被誤解為造成族群對立的野蠻行為。讓我先閱讀一篇泰雅爾族的傳說故事作為思考之開始：

古代我們的祖先居住在 Pinsbkan，人口漸多後，感到地域狹隘，其重要人物互相商量，決定將人數分為兩半，

一半仍舊留在山地，一半下至平地居住。但因人數眾多，不堪計算之煩，而約定留住山地者登上甲山，下至平地者登上乙山，雙方互相發出喊聲，依其聲音之大小來判斷人數之多寡。如此雙方分別登上兩山後，登上甲山的那群先喊，大家依約發出喊聲，因而其聲很大。其次，登上乙山的那群發出喊聲，該群的首領較狡猾，命屬於該群人數的一半，隱藏在山後，不出喊聲來，因此其聲很小。於是認為甲山這群比乙山那群人數多，而分一些人給乙山那群。然後兩群再發出喊聲，這次乙山這群因全部發出喊聲，所以其聲很大，震動山野。甲山的首領等人始知被乙山的首領所騙，而要求歸還他的人，但乙山的首領不肯，而與甲山的首領約定：「將來留住山地者之間發生爭議不能判定其曲直時，可以對我們這群人獵頭來決定是非。我們對此將永遠不提出異議。」然後，率領該群人下到平地。當時留在山地者即我們'tayal族的祖先，而下到平地者為mkhmajun（khmay是由眾多之詞而來），不清楚mkhmajun現在在何處，可能是平埔番的一部份。或說下到平地的為plmukan，即支那人的祖先。

被污名化的原住民出草（獵首）文化，事實上，並不是隨興而起臨時起義的，而是整個部落相當慎重其事、充滿禁忌

的（mgaga），是為了防禦與悍衛自己與族群的領域，為了維護整體部落族群的生命利益，並不是單純的殺戮行為。從故事的內容可以看出，其目的大致可分為：復仇、爭得英雄之名、婦女被凌辱、族人受到欺侮、通過祖靈橋、證明清白及解決紛爭等。對泰雅爾族來講，出草絕非任意而為的殺戮行為，獵首所代表的意義是成年足以保衛家園，與驅趕惡靈的意義；出草（獵首）對於台灣原住民族來說，並不是以殺人當作喜好，大多是因為為驅除外來的侵犯而防禦外侵的強悍作為，其中也包括了對於祖先流傳下來傳統的尊敬。換言之，出草（獵首）習俗具有文化上與社會上的深層意義，那就是社會公義。

　　通過上述的傳說故事讓我們找到一些關於存在主義的蛛絲馬跡，有人說存在主義不是一種哲學，只是一個標籤，標示著反抗傳統哲學的種種逆流，也不是思想上的一個學派，也不可以歸屬於任何一種主義。但是將傳統哲學視為表面的，經院的，和遠離生活的東西，而對它顯然不滿，這就是存在主義的核心。在這個故事中我們找到「反抗哲學」的思想，這一則泰雅爾族傳說故事隱隱約約地在告訴世人說：「泰雅爾族部落及其族人不想再受別人的剝削」、「泰雅爾族部落及其族人不想再成為別人的犧牲品」以及「泰雅爾族部落及其族人一定要忍著披荊斬棘地拓墾新地的辛勞」。如果我們回到基督教的神學觀點來思考，會使我們的視野更加的寬闊，就好像現任長榮大學教授莊雅棠牧師在回應宋泉盛博士的「邁向在多元文化世界中基督

教神學的五個階段」時，要點六說：「耶穌所傳揚上帝國信息含
著人類社會與政治的異象，以上帝國的異象為目標，可以作為
重建人類社會和政治的引導力量。就這一點而言，上帝國本質
上就是一種文化事件（cultureevent）。神學所應努力的目標就是
要宣揚上帝國的文化。上帝國的文化是一種抗議的文化——抗
議社會的壓制和經濟的不公義和剝削；是一種良心的文化——
使人的良心覺醒、清醒、轉向上帝；是一種賦予能力的文化
（Culture of empowerment）——賦予窮人、受欺壓者爭取自由
與正義的能力。抗議不是為抗議而抗議，而是為自由、和平、
公義而抗議；良心的覺悟不但涉及個人的靈命更新，更是邁向
整個社會的更新；「賦予能力」的能力不是為了奪取權力，而是
為善用權力。因此，上帝國的文化可說是使社會不同階層人民
邁向自由、平等、公義、愛的文化事件、文化能力、文化理想
（莊雅棠，1994，39-40）。

十一、共用資源自主治理的社會生態系統概念

　　有學者這樣說，原住民部落資源乃是一向對「封閉式共同
資源」，若由原住民部落團體共有並自主經營管理，社群內部將
可能透過個體的合作，創造共同利益，並進一步達到資源永續
利用的目的（顏愛靜、孫雅堤 2008），我們先不要談論這樣的
說法與泰雅爾族神話故事的關聯性，以這樣的瞭解，讓我們進

入泰雅爾族古老的神話故事裡探索其真諦：

　　古早，祖先的生活不必勞動到疲倦，就能安逸地生活。例如旱田種粟子，計算種十株左右就夠了。因為煮飯時只煮一粒粟子，就能煮出一大鍋滿盈的飯，可以吃飽。關於糧食，假如你想到要吃山豬肉，山豬就會跑進來，你拔一根山豬毛，用箕蓋起來，等一下把蓋子打開，就有一大堆山豬肉。你想要野鹿肉，或其他任何野獸，也都一樣可以那麼做。還有劈柴，有人交談說：「沒有劈柴了」，就自然會劈柴。水或其他任何日用品也都一樣，自然會有。因此，出門去打獵或出草或探親的時候，只要把穀物的果實，放入耳環竹管裡，就可以逗留好幾天，不怕沒有糧食。

　　然而好景不常，終於有懶惰的人，煮飯不一粒粒煮，拿很多穀物放進鍋裡，不但煮不熟，把鍋子蓋打開，卻看見了一隻麻雀啾啾叫著飛出來，飛去停在芒茅穗上，說：「從今以後，你要勞動工作，才不會饑餓，而我們麻雀還是要吃你們的，懶惰的人必得不到食物。」

　　野獸也一樣，懶惰的老婦人只拔出一根毛，覺得不耐煩。突然剜了一大塊肉，竟使野獸生氣不自動來了。就必須去狩獵才能吃到肉。劈柴也一樣，女人在織布時，自動進來的劈柴碰到編織的布，女人就生氣的罵

了，把劈柴拋出去，劈柴就不再自動來了。這就是泰雅
爾族人必須勞動認真工作才有飯吃的原因。

　　這一則故事，表面上是在講述有關泰雅爾族部落傳統農業
生活的故事，她清清楚楚地描繪泰雅爾族人在園地工作、與居
家準備食物時的情景，族人常常種植什麼樣的農作物，在這些
農作物當中，什麼作物成為部落傳統古代傳下來的呢？我們也
在這些故事當中看到泰雅爾族人的勤奮與節儉、懶惰與貪心，
描繪出栩栩如生的部落人性。過去農業時期的泰雅爾族部落及
其族人，其實不必那麼辛苦，就可獲取平常所需的民生物資，
只要好好實用及保存相關的食物，並維持與動物、植物及土地
的和諧關係，就可以知足常樂。但總有一些人的存心使壞，影
響整個部落的有效生存機會，彼此之間的生態關係因為族人的貪
婪，慘遭整體利益的滑鐵盧，道德倫理也硬是遭致空前的瓦解。
　　事實上，我們發現，在這一則故事當中，她提供了現代社會
一個非常重要的思潮，特別對被邊陲的台灣原住民族來講，那就
是現代社會的「管理機制」與「社會生態系統概念」。換言之，
就是「共用資源自主治理的社會生態系統概念」，這個治理及社
會生態系統概念被隱藏或被包含在故事裡面是顯而易見地，例
如「將數粒小米裝入 qingay（穿耳做為裝飾的細竹管）的管中攜
帶」、「當需要食物用時，就從 qingay 取出」、「想吃肉，只要叫牠
們的名字」、「只要拔牠們的毛，放在籃子裡」、「煮飯時只煮一粒

粟子」、「想到要吃山豬肉，拔一根山豬毛，用箕蓋起來」等等，這些都是自主治理的系統，然而這一些可供族人使用的食物，都是整體部落的共用資源，以現今的處境來看，急需「部落團體共有並自主經營管理，社群內部將可能透過個體的合作，創造共同利益，並進一步達到資源永續利用的目的」。

比較可惜地，故事當中「有一個頭目帶領數名部下旅行，途中感到饑餓，就命令某部下，按一人一粒小米炊煮」、「後來有個人想，若割下山豬肉，必有更美好的東西」、「終於有懶惰的人，煮飯不一粒粒煮，拿很多穀物放進鍋裡」、「有個喜歡惡作劇的傢伙，有一次將粟切成兩片」、「有一個 yaba 盛了兩碗小米下鍋」等造成極大的浪費；這些既懶惰又貪心的人不知勤儉只有貪得無厭，不求透過個體的合作，創造共同利益，也不知更進一步地思考部落生活的目的，怎麼讓逐漸枯竭的資源永續利用。然而，我們知道，在原住民族傳統的觀念中，土地乃是一種「共同資源」（common pool resources），不僅是基本的生產要素之一，更是重要的文化認同基礎。由於原住民各族原始社會之生產活動概以農耕、採集、漁業等為主，故其土地利用種類逐漸發展為族眾聚集的社地、從事耕作的農地、共同狩獵的獵場以及集體捕魚的漁場，其體現於共同資源的型態，即為部落地景、森林與河川。而有關原住民族對於共同資源之使用，向來即有一套維護人與自然環境的倫理法則，作為資源利用、管理、執行與制裁的集體規範，透過這套規範來約束全體的利

用行為（顏愛靜等，2003）。

　　事實上，近來台灣原住民族所擁有的土地，此一共用資源幾經政權及政體的輪替，早已產生極為嚴重的質變，也面臨最為嚴厲的考驗。惟自清代以降，在統治者壓迫下，原住民族與土地長久以來物我一體的人、地與自然物間的緊密關係，被硬生生的割裂，原住民族土地及文化被化為商品，並納入資本主義的市場機制（孫大川與林瓊華，1997）。這樣的一般化處理及管制，與原住民族所標榜的環境倫理大相逕庭，而長期主流社會影響與市場經濟衝擊，更常導致原鄉產業經營型態與資源利用方式無法契合當地生態環境，加上平地資本透過非法租斷、買賣等方式，取得土地使用權，進行山地開發等行為，不僅未能改善原住民族地區的邊陲地位，更常造成土地超限利用與環境災害發生，除嚴重威脅民眾生命財產外，亦使共同資源之永續發展面臨嚴苛的挑戰（顏愛靜、孫雅堤 2008）。

　　由此觀之，從泰雅爾族文化（神話故事）觀點來看，所謂的「共用資源」（common pool resources）或許包括了①土地（獵場、耕作地、部落地景、森林與河川等）及②食物（小米、粟、黍、稻等耕作物及鹿肉、山豬肉、羌肉等肉類）二項等重要資產，族人可以隨性的在任何地方、任何時間自由獲取，但好景不常因人性的弱點及泰雅爾族人的貪婪使然，造成根本無法彌補的憾事。這個故事告訴我們世人，雖然人、時、事、地及物有了改變，但是過去的泰雅爾族人是那樣，今天也依舊慘

遭無可彌補的憾事，以及同樣面對嚴苛的考驗及挑戰。因為我們看到，泰雅爾族部落及其共用資源已陷入 Hardin（1968）所說的「共同地悲劇」，顯而易見地，經由事實指出共同資源必將陷於過度使用的危險之中。更進一步來講，雖然有一些原住民部落透過自主治理模式，致力於共同資源的保育與維護，以突破現有制度的供給及初階困境，並得到相當成果。然原住民族地區共同資源的利用與管理，也就從生態保育進入部落社區發展的階段，因而面臨自主治理組織能否長期延續，自主治理途徑能否適應國家法制民情，能否在生態保育與經濟發展的拉扯中取得平衡，能否幫助原住民族地區擺脫以往土地資源流失的「共用地悲劇」，進而達成共同資源永續發展的目標等等挑戰。記得，以前傳統泰雅爾族部落裡的耆老智者常說：「如果部落及其族人不加以珍惜 zyuwaw rhyal（土地上的共用資源），就會使部落陷入 skryal qalang（使部落虧損）境地而萬劫不復」。因此，我們覺得原住民地區共同資源的管理不該只有一套放諸四海皆準的標準，它是可以透過共同資源自主治理的模式，配合在地人的角度與觀點，尋求問題的解決之道。

　　這則故事苦口婆心地提醒著現代世人，為避免使社會各族群的和諧及部落共用資源陷入 Hardin 所謂的「共同地悲劇」之地，時不我予，我們應該趕緊回到故事本身的意義、並結合西方學者所研究提出有關「共同資源」（common pool resources）理論及原則，建立一套屬於台灣原住民族的「共同資源」的制

度，其中可能包括集體行動理論及個人制度的選擇、共同資源永續治理之組織原則及社會生態系統之概念模型（顏愛靜、孫雅堤 2008）、以及 gaga 社會倫理原則等，以達到所謂的「以部落為基礎的自然資源自主治理」，比較符合泰雅爾族部落文化所描繪的：「關於糧食，假如你想到要吃山豬肉，山豬就會跑進來，你拔一根山豬毛，用箕蓋起來，等一下把蓋子打開，就有一大堆山豬肉」理想世界。

十二、哈魯斯帶出父權體制與沙文主義思想

歷史是一面鏡子，常有人說它可以使妖魔現身，從人類社會的發展史來看，十八世紀工業革命之後，資本主義體制慢慢地被改變，除了征服人類的生活之外，同時也引發了一系列的反抗資本主義的社會運動，在這個層出不窮的運動中，讓人類社會看到過去馬克思主義支配了主要的反體制運動的想像約一個半世紀之久。可是到六○年以後，新的社會運動風起雲湧地造就了如種族、婦女、性傾向及生態運動等紛紛挑戰馬克思主義對於反體制想像的壟斷，當然在思索這些運動的產生，也許都不能將它視為單一的階級或經濟面的因素來分析。

筆者想要說的是，馬克思主義在文化分析上帶進了所謂的「階級分析」，這是劃時代的知識論突破。雖然文化的階級分析不是個普遍有效的分析模式（它會導致許多片面定位），但是，

它所啟發的一般分析框架上則是非常重要的建構馬克思主義的階級分析，至今仍然有效，可以用於分析社會中各種文化，尤其是城市的各種文化的問題，因為現代社會中的文化有著比較顯著的「階級性」（趙汀陽，時間不詳）。非常有趣地，假如從哲學的角度看，如果存在著這樣一個符號體系，它給各種事物賦予了這些事物本身所不具備的各種意義。那麼，這個符號體系就是文化。或者說，當說到「某個事物是如此這般的」，並且這個事物確實是如此這般的。那麼，這種觀念是知識（至少是試圖成為知識）；當說到「某個事物是如此這般的」，這個事物其實並非如此這般，或者沒有證據證明這個事物是如此這般的，那麼，這種想像就是文化。在內容上，文化由一套「主觀意見」（doxa）所構成，這些「意見」的核心價值觀，或者說是，去做或不去做某些事情的理由；在形式上，文化表現為關於各種事物的想像、表述（representations）和解釋，在這些表述和解釋的基礎上得以建構了社會性的話語、意象、規範和制度（同上）。

　　泰雅爾族有一個非常有趣且令人深刻的故事，讓我們一起來分享與思考其所帶入的文化體系社會性意含：

　　　　古早，有一個巨人名字叫哈魯斯。他的身軀高大達六〇尋，睡的地方有旱田的一區劃寬。他睡過，土地就成凹窟兒。他的陽物很長，平常捲在腰部。遇到暴風雨出大水，住民們便叫他來，他用陽物在河川的對岸架

橋，用兩手臂當做橋樑的欄杆。女人要過橋，走上陽物
上，就像鐵那樣硬直而不動搖。但男人要過的時候，會
上下搖動地很厲害，叫人害怕。如果平常都是如此做
好事，倒沒有問題，可是實際上，叫哈魯斯的巨人，常
會戲弄女人。丈夫在田裡工作，而妻子留在家，他就會
去調戲人家的妻子。不管門關閉得多牢固，他都會把局
部，從窗伸進去戲弄女人。

　　不但如此，去狩獵的時候，他都會先跑到野獸經過
的路上，等著野獸逃過來。他的嘴巴很大，他會伸長手臂
把野獸趕到自己的嘴邊來，而一口把野獸吞掉。巨人的惡
作劇做的多，社人都開始討厭他。大家便商量要殺死巨
人。可是射弓箭，好像蚊子叮一般，射不進他的身體，
使大家感到為難。說：「我們該怎麼辦？」還好，有個聰
明人想出好辦法說：「我們把石頭燒紅，騙他說野獸會跑
來，叫他在山下等，然後燒紅的石頭，滾轉到他嘴裡，讓
他吞下去，可以殺死他。」大家認為這是唯一的好辦法。

　　於是，社人到山上，拿兩個大石頭來燒，燒了三
天，石頭就紅了。他們去告訴巨人說：「喂，我們去狩獵
吧，野獸很多，你可以在山麓等著野獸跑來。」聽他們
這樣說，巨人很高興，就跟著大家狩獵去了。他獨自到
山麓去等。等到大家從山上喊著：「喂，很大一隻野獸跑
過去了。」隨著把燒紅的石頭滾落下來。可是這個石頭滾

落的坡路轉彎，繞過巨人身邊較遠的地方，於是，他們又喊：「喂，還有一隻跑下去了」，再把一個石頭滾落下去，紅紅的石頭滾落到巨人的嘴邊，他就張開大嘴巴，一口把石頭吞下去了。大家聽到「嘰——」很大的聲音，還有哈魯斯這為巨人的慘叫聲，長長的慘叫聲回響在山谷裡，偉大的巨人終於死了。

　　我們從上述故事的框架結構來看，不論在形式上、文化表現上及其所表述的社會倫理上，以現代文化社會科學的觀點來看，不難看出「父權體制與沙文主義思想」的脈絡，祈讓我們先來瞭解所謂「父權體制」所指為何的問題？「父權體制」指的是以男性為中心的一套性別安排的支配體系，女性主義者認為性別不平等的問題根源即「父權體制」，它盤根錯結地深入於日常生活的各個層面，男尊女卑的性別層級，不僅展現在家庭中，也展現在社會制度的設計與結構的安排之上，甚至是日常生活的言行舉止或人際互動（游美惠，時間不詳）。事實上，今日的性別權力關係運作早已超出這種「父親法則」了，丈夫、男性主雇或是政經體制的領導者等，都存在著男性對於婦女的控制（Mies，1986:37）。因此，有學者 Sokoloff（1980）就主張將「父權體制」定義為「使男性可以支配女性的社會權力關係的總體」，用來描述男性支配的制度性結構，西方學者 Connell（1994）更以國家機器的觀點探討父親體制的性別關係之運

作，她指出：「……父權是一套由男人掌控且被制度化的性別關係，意即，男人在社會上所擁有的至高無上的權力是在互動的情境中產生，如家庭或工作場所，藉由經濟的運作、學校、傳播媒體、教會等所傳輸的規範，一再地複製著」（同上）。

女性主義者非清楚地，如泰雅爾族神話故事一樣批判父權，也批判父權體制不遺餘力，她（他）們指出，父親在社會中的男女兩性關係存在著壓迫與宰制，具體的實例如雄性暴力、像強暴、毆妻等；又如性別區隔的就業市場結構，造成男女同工不同酬或職業的性別階層化等。所以，運用「父權體制」這一概念要避免將之普同化或本質化（Walby，1990）認為其運作或表徵是普世皆同的，或是認為父權體制一定有固定的要素在支撐著，也許在當今的現代社會，我們可以視之為一種可用的資源（available resources），讓有些人更容易獲取或挪用而造成支配或壓迫的情事。另一方面，關於「父權體制」我們不能忽略父權體制的物質基礎（上野千鶴子，1997，48-57），意即男性如何支配女性的勞動力？父權體制如何結合不同的經濟與社會結構之運作，來管控女人的身體、性與勞動力？由於性別和年齡層級而存在的權力關係運作早已滲入社會各個層面，從親屬與親密關係到更複雜的社會和政治制度，所以要廢除父權體制，是無法藉由改變個別男性或女性的態度與意識而達到的，唯有變更現實社會的物質基礎與結構限制才有可能真正改變父權階層化的支配關係（同上）。

　　其次，從故事中我們也發現沙文主義思想的痕跡，故事背後還隱藏著階級意識，這個階級意識幾乎可以認定在泰雅爾族傳統文化社會裡，族人有各種不同的身份階級的尊卑關係；故事中隱喻將主角 Halus（哈魯斯）塑造成一位超級能幹、力大無比以及他那超長的命根子的巨人，這就完全符合所謂的大男子主義、大男人主義或男性至上主義、男性沙文主義，也就是男尊女卑，是一種男性必定優於女性理念。我們知道沙文主義（chauvinism）這個名詞首先出現在法國的一部戲劇「三色帽徽」中，以諷刺的口吻描寫這種情緒，後來這個名詞被廣泛應用，如大國沙文主義、民族沙文主義等，曾被女權運動的領袖用於「男人沙文主義」（相當於漢語中的「大男子主義」）；換言之，男性沙文主義（沙豬）其實就是盲目地認為男性優於女性的價值觀，男性沙文主義表現於父權社會中的家庭、丈夫或父親的權力至高無上的，妻子和孩子均應由男人作理性的判斷。

　　另一方面，沙文主義（chauvinism）指極端的、不合理的、過份的愛國主義，簡單說沙文主義是意謂著盲目的愛國主義，只要是認為愛國的行為，不分是非對錯，就是要盲目跟從。我們也可以這樣理解，沙文主義比較不嚴謹的解釋對自己所屬族群充滿極端且非理性的驕傲，而且仇恨、歧視其他團體。因此，我們認為兩個族群的不平等與對立，是來自對彼此的仇恨與歧視，可以想像成一座天秤，在左邊加上歧視，右邊揚起，右邊加上歧視，左邊揚起，或許我們可以找到兩端的平衡點，

但那絕對會不穩定，因為歧視的存在會引來歧視。從台灣原住民族（泰雅爾族神話故事）的被壓迫歷史經驗來看，在十七世紀初以後，連續不斷地被荷蘭、西班牙、鄭氏、清國、日本以及現在的國民黨等外來統治者及其爪牙所侵略、屠殺、壓迫、虐待而走向淒慘的命運，並在執政時常常假借推行國語之名謀殺原住民族的語言，使得原住民族的語言文化消失，或常常假借 ×× 之名掠奪原住民族的傳統領域，使得原住民族被迫走向滅族之途。我們深深感受到一種屬於沙文主義資產階級侵略的民族主義，長期處在被壓迫的環境中我們不禁要問：這個「天秤」與我們有什麼關係呢？任誰都知道，這個關係在於當我們歧視別人時，別人再把歧視反饋回到我們身上，如此循環就是不公義、不平等；換言之，這就表示這些歧視者，本身就是造成不平等、不公義的推手，而我們也可以從泰雅爾族 Halus 的神話故事感受到一種來自於歧視的壓迫，其指直沙文主義就是一種歧視。歷史殷鑑與被壓迫的人民經驗，要讓這個天秤達到穩定的方法，就是要使兩邊都沒有歧視，沒有歧視自然就不會引來歧視，這才會是最穩定的天秤。

十三、文面故事是在傳遞符號的傳播意義

　　傳統的泰雅爾族文化是保守與嚴謹的，每個人都必須服從及遵循在 gaga 的規範意旨之下，沒有人可以例外。所以，在很

早以前泰雅爾族青年不論男女都必須完成臉上的文面，唯有如此始得獲得部落社會文化所賦予的基本權利與資格。相反地，如果沒有完成文面者，在部落裡視同未成年，被視為什麼事情都不懂也都不會做，會受到歧視，甚至會遭致被排斥。

關於亙古的泰雅爾族 gaga 社會文化系統，雖然深奧難以完全考據。事實上，泰雅爾族文面（ptasan）風俗，仍可以勉強由殘缺片段的歷史文化資料去揣摩，據近年來的考察已有近百年的歷史了，在日據時期，日本政府屢次征討泰雅爾族部落，卻一直無法征服及有效地統治，就認為代表獵頭文化的文面是使泰雅爾族難以馴服的主要因素之一。因此，有了禁止文面之議，大正二（1913）年九月，南投廳長石橋享率先全面禁止刺青，並對違犯者處以嚴重訓戒處罰，對一般刺青者及施術者依據情節，給予三〇天以下勞役或拘留處分。

但據歷史暸解及部落耆老口中得知，泰雅爾族文面文化雖然並未在此時立刻消失，與日本抗爭仍不曾停歇。然而，在日本政府政策性的禁止及部落長期與外來文化的接觸，不僅改變了傳統審美的觀念，亦使其逐漸凋零。事實上，文面與泰雅爾族在社會文化的層面上，確實是血肉相連的關係。且讓我們來踏察這則故事：

> 從前一巨石裂開，從中走出一男一女，兩人以兄妹相稱。長成後，妹妹就問哥哥：「為何不去找妻子？」哥哥

回答：「天地只有你我二人，我到何處找去？」於是妹妹
就想或許改變容貌，可瞞哥哥，便對兄言：「我已經為你
找到一女，明天中午到大樹下會她吧！」哥哥到該日準
時前往，發現一黑面女子，欣然與其成婚。翌日才發現
那女子是妹妹，但悔恨已晚。此後才有人類繁生，於是
女子一到成年即刺面結婚，成為祖傳的遺習。

綜觀上述神話故事的全貌，我們可以瞭解其載有多方面
的意義，如成年的象徵、與祖先的約定、美的表現、辨識的標
誌、避邪、死後入靈界的依據、尊榮與責任、生命的表徵及記
錄著泰雅爾族的生活與功積、以及身份認同等等；除此之外，
我們要瞭解，在泰雅爾族傳統信仰裡，文面可以說是泰雅爾
族自古傳承的榮耀標誌，其表示族人一生緬懷祖靈的訓詞意
旨。從這則故事中也意表著，文面如掛在天上的彩虹一般，
泰雅爾族死後必須走過天上的彩虹橋，這時候，族人唯有藉
由文面作為識別系統，才能得到祖靈的引領，否則將無法到
達靈界。因此，泰雅爾族的文面文化風俗，在背後傳遞著多層
社會文化的意義，絕不僅僅是審美的考量，除了可以證明一個
人獲得社會認同，並藉此追求祖靈之庇護，及道德方面的嚴
格約束。另一方面，這則故事其實主要在傳遞所謂「符號」
（sign）的意義。

我們看到，故事裡描述兄妹雙方互動的情形，妹妹主動的

表達，「或許改變容貌」，這是一種訊息的傳播，之後，哥哥「發現一黑面女子」，這是一種訊息的接收。非常清楚地，人類傳播與符號的使用是息息相關，符號使用並非人類所獨有，但是以我們所知，人類使用的數量最多，運用也最複雜。在人的世界裡，溝通要靠符碼（符號及符號運作的規則），在這裡符號有三個層次的意義，首先，是用來指涉或代表某客體的「東西」：「客體」可以是具體的實物，也可以是抽象的觀念或感受。「符號」指凡是可以傳遞、可以被感官接收或經驗的聲音、圖形、文字、動作或物品等。其次，其意義並不是一個被整齊包裝在訊息裡絕對不變的概念。它是一個動態的過程。意義是經由創造、製造及協商而來。第三、符號、客體與意義之間的關係可以用一個三角形的架構來呈現（曹定人，國立中興大學）：

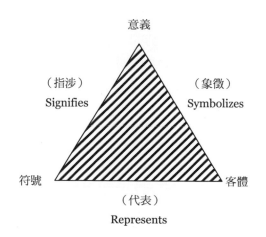

　　藉由上述的說明，對於所謂符號有基本的瞭解之後，我們來思考泰雅爾族的文面文化與符號、以及與傳播符號的關係。對於傳播符號先有基本的認識，所有傳播都包括符號（sign）和符碼（code），而符號是各種人為製品或行為，目的在傳遞意義，符碼則是決定符號關係的系統。傳播是人類意義分享行為與結構，而符號則是一切意義活動的根本。符號的使用雖然遍及各種意義活動，但在人類獨特的生理及心理基礎，以及社會文化的背景下，不同屬性的符號各有其特殊的活動場域，例如新聞報紙的研究，通常屬於「言辭符號」的範疇，而電影研究一般則較著重「視覺符號」的探討，即使同時用多種符號表現的多媒體媒介，其符號的表現與運用方式，仍謹守著各種符號既有的理論原則。這種「分門別類」、「各有定位」的符號表現，以及因而形成它對符號的認識態度，雖然讓符號的表現在各種獨特範疇下更為豐富與專精，但也容易讓人們掉入「慣性思考」，隔絕了不同符號行為間的聯繫與比較，或造成對符號系統的認識，侷限在某一種符號之特殊表現的刻板印象上。這種現象不僅造成傳播圖像的模糊與發散，也形成傳播學門正當性的危機（趙雅麗，2003）。然泰雅爾族的文面就是在這種所謂的「分門別類」、「各有定位」的符號表現、與社會的「慣性思考」下，長久以來也隔絕了社會上不同符號及其行為間的聯繫與比較，更侷限在某一種符號之特殊表現的刻板印象上。

　　我們所熟悉的包括「酒鬼」、「骯髒」、「懶惰」以及「唱

歌」、「跳舞」等刻板印象。過去，原住民族及其部落的經歷，是學術與傳播媒體在有意無意的操弄中，讓原住民不一定具備的身份形象，被逐漸塑造與強化，從而在台灣整體的環境中，過去的「山地同胞」乃至現在的「原住民」，早已被深深烙上許多名實並不相符的標籤或印記；同時，這種現象交互循環著，背負這種污名成為無可推卸的宿命（浦忠成，2000）。

　　長久以來，有關原住民「圖像」的捕捉和原住民歷史的敘述，大都以「第三人稱」異己論述的方式來進行，其中包括荷蘭人、西班牙人或日本人、漢人等的觀察記錄。由這些第三人稱異己論述所構成的有關原住民歷史的點、線、面，因種種文化、地位、時空條件、意識型態等之「差異」（difference），使其書寫的歷史文本，無論在修辭、風格、角度和評價上，皆與原住民實際的狀況和主體世界有著相當大的距離。人類傳播的歷史是傳播系統的複合過程，而不是簡單地從一種系統行進到另一種系統（DeFleur 1989l 抄錄在孫大川，2010）。然而，有關原住民第三人稱敘述與傳播，不可避免硬生生地從異己的「書寫」活動，取代了原住民原本的「言說」傳統，其主體性因而被取消了（孫大川，2010）。眾所周知地，早期台灣原住民並沒有文字，早期部落裡的傳播主要是以「口傳」的形式進行，直接透過聲音語言的傳遞訊息與表達情感。在這樣的傳播活動中，訊息的符號載體，直接訴諸說話的聲音變化、眼神、面部表情、手勢等等肢體符號，其感染力是具體且直接的。在早期這一類

非文字的傳播模式，意義與對象的指涉是直接連結在一起的，中間雖然沒有「文字符號」的中介，但相對地卻也使訊息的傳遞透過「人與人」的直接相遇、分享，強而有力的達成。這種沒有文字的溝通方式，使人與人之間的情感可以更緊密地結合在一起，形成了綿密相依的部落傳播網路（孫大川，2010）。

　　然而，我們要瞭解，原住民非文字的傳播方式並不僅於此，排灣族、魯凱族、雅美族的雕刻泰雅族、卑南族、阿美族的編織、服飾，以及其他種種諸如文面、紋身、石板屋等等藝術表現，無一不承擔著原住民傳統社會的傳播責任。這些無聲的語言，配合言說、樂舞的傳統，生動有效地「書寫」了早期原住民的主體世界（孫大川，2010）。由此脈絡來看，泰雅爾族傳統文面其實也在今天的社會中傳播一種強烈的訊息，就是其顯示了不同部落間的自主性和本位觀點，同時挖掘出多元社區傳播發展的基本條件，藉由不同觀點的交互辯證，尋求自己部落文化的詮釋力與發展力，期使部落及族人也肯定藉由科技引發的社區傳播，並給予一個詮釋的空間。

　　事實上，由符號學的理論及其發展來看，泰雅爾族的文面是在指涉其背後的社會文化意義；因此她帶給部落及其族人，一種既抽象又具體表現，藉著刺在臉上的圖形在傳遞部落及其族人的語言、祭儀、歌謠、族名、文化、社會、宗教、教育、藝術、耕作、遷徙、生活經驗（被壓迫）、及民族性、文化的詮釋權、民族認同、主體性以及動物、植物的智慧，還有對河

川、土地及世界的認知等。這樣的圖形概念所傳遞之訊息並不是一個被刻意包裝、也不是一個絕對不變的，她是一個隨著部落及其族人的動態過程，非常清楚地，她所承擔的具體意義是經由部落及其族人創造及協商而來。

我們似乎可以用兩句話來說明，泰雅爾族文面故事的傳播意義：

她──向世界展現泰雅爾族希望被看到的樣子
藉由媒體科技與文面傳播原住民族的主體性[6]

十四、傳說故事使部落跳出偏見與詭辯的誤導

據瞭解，在苗栗後山的泰雅爾族部落於每年的桂竹筍初採時，特別是整個家族要嘗食當年第一道桂竹筍之際，家族的長輩一定會呼喊全體家人到廚房來，圍成一個圈缺一不可，家中的小孩會吵成一推、鬧成一團地帶著興高采烈的心情，圍在最內圈。然後，家族中最年邁的長者走到中間，慢慢地開始講述家族的家譜及歷史，

---

[6]　參考孫曼蘋，《向世界展現他們希望被看到的樣子，媒介科技與原住民的傳播主體性》，新聞學研究 106 期，頁 285~290。

最初的根據地、遷徙過程、以及家族在這一連串歷史文
化建構的過程中所遭遇的困難等等；歷史訴說結束之
後，這個年邁的長者會帶領全體家族在這一圈中做一個
動作，即跳、跳、跳，年邁的長者會牽著小孩的小手，
與小孩一起跳、跳、跳，同時年邁的長者會一邊帶領全
體家族跳，還會提高聲音說：大家一起跳、用心的跳、
跳高一點，再跳高一點，跳過困難、越過黑暗。這就是
泰雅爾族部落族人與小孩口中所認識及所傳頌的跳、
跳、跳的傳說故事。

聽到這則傳說故事的時候，筆者最初的認識及想法非常簡
單地，以為它是在傳遞一個極佳極美的信息，即人一生的踏察
總是「在黑暗中尋找一個光」，其理由是內在的想像，試想人們
一直不斷探索著生命存在的意義，也在探詢我是誰？我來自那
裡？又將往那裡去？我們也相信生命的意義是延展、進化、創
造與提昇生命的品質。而人們將士用命盡一輩子的心力，讓生
命旅程的路徑則是每一段生活、每一種角色在每一個當下所接
連不斷的故事曲線。可以看出，人一生最大的痛苦卻來自於懷
念過去所產生的失意，抑或是擔憂未來所發生的恐懼。顯而易
見地，這個問題也為人們帶來干擾及負面的情緒，例如在學校
的部落子女，常聽到老師說：「為什麼部落的子女總是承諾要做
到的事，卻沒能按時做到，我對他們已經失去信心了」，或在職

場上，常聽到老闆說：「為什麼部落的族人總是承諾要做到的事，卻沒能按時做到，我對他們已經失去信心了」。然而，若仔細端詳地，這句話是「把過去當未來」的態度。老師或老闆也許可以這樣說：在學校的部落子女或在職場上的部落族人承諾了什麼，或沒做到了什麼，讓你感到如此失去信心呢？

　　試想，運用聚焦於單一的情況來瞭解問題的核心，降低以偏概全的情緒化，以及被老師或老闆瞭解此事件對其所投射的觀點在輔導上（協助）的影響，乃至於使老師或老闆能澄清自己的信念、態度及認知影響成果的情緒與行為。或許我們可以這樣講，期使公開區域擴大，來降低隱藏區與盲點區所產生的干擾因素，進而發揮潛能的可能性來自行採取主動作為以改變現況，達到老師或老闆所真心期待的目標。其次，這則泰雅爾傳說故事好像在提醒部落族人，人在逆境的時候最容易產生負面能量，如一個部落子女或族人長期努力卻無法達成既定的目標，老師或老闆面對自己的學生或團隊的疲憊與負面氣氛而失落；也有一些人處於無論別人如何稱讚自己，卻仍然覺得自己不夠好。此情此景這些都是人們執著在單一角度（立場）的信念、與觀點造成不符合期望時的挫折感。但從另一方面來思考，這則傳說故事也似乎引出了某種之盼望，即人是因為有期待、想突破、想做得更好而盡情努力，但是如何面對不如意的情況時覺得身陷困境，卻能迅速調整身心狀態再出發，則是非常值得我們探討的輔導（協助）議題，直截了當的說，就是

人們在黑暗中也有其價值，因為夜晚時天要夠黑，才能看得見星光，也才能看得到嶄新的觀點。一味地排斥、批評地要求別人改進是於事無補的，當用更寬闊的心接受及包容就可能產生平靜的心，也才能更客觀地瞭解事情背後的因素，同時從中找出可行的機會，不斷不停地嘗試，如此達成目標的機率也就豁然地更加提昇，這或許就是這則泰雅爾族傳說故事要告訴世界的：在黑暗中尋找真光。

然與此相互對照及相互輝映的一則故事，筆者想到的是柏拉圖（Plato）的「洞穴比喻」，故事是這樣描述：

> 有個洞穴開口面光，洞裡有活生生的人類；從小頸子跟腿就被鏈住，而使他們的臉面向牆壁，從未見過太陽。在他們後上方，也就是在這些犯人與洞口之間，有火，而在犯人與火之間，有一通道跟矮牆，形成一道屏幕。通道上有人以某種方式，拿著動物或其他東西的雕塑來往，使雕像現於矮牆（或屏幕）之上，犯人臉對著洞裡邊的牆，不見彼此跟身後事物，但可看見他們自己跟雕像在牆上的投影，他們只見影子。

這是一則柏拉圖極為著名的「洞穴比喻」，柏拉圖假設有一個地底洞穴，洞口陽光普照（暗示為真理之光），洞內則有一群囚犯，自年幼便被鐐銬僅栓，只能面向牆壁，從不曾看過陽

光。囚犯與洞口之間有火，火與他們之間又有通路和矮牆，矮牆猶如簾幕，沿著通路常人般運動與人的雕像，來來去去。囚犯雖然看不到陽光與其他囚犯，卻能夠過外面的火光反映在內牆上的塑像，以及他們自己的影像。這些囚犯所看見的，就是所謂的幻象或妄念，他們無法看見真理之光，因而過著黯淡無光的生活，所看見的都是幻象與妄念而不自知。

　　柏拉圖認為我們絕大多數的人就像洞穴裡的囚犯，只以自己的偏見與情慾，或其他的人詭辯修詞為依據，論斷事情。真理之光被矇蔽，並且曲解了宇宙人生的真相。即使突然得以看見陽光，也因為禁不起陽光的劇烈照射，而寧願回到洞穴。對於這則比喻筆者一再品味著，柏拉圖想像的情節是什麼意思呢？這些犯人代表大部份的人類，他們只看到現實的影子、聽到真理的回音。他們的世界觀最不恰當，讓「他們自己的情感與偏見，跟別人藉著花言巧語傳達的情感與偏見」完全被扭曲了。即便比小孩差不了多少，他們卻以大人的強韌緊抓歪理不放，且不願離開監房。然而，假如一下子自由了，並要求他們看看之前只看見影子的現實，他們會因眩光而盲目，而設想影子可比現實真實太多了。但是，若其中一個逃離的犯人漸漸習慣於光線，經過一段時間之後就能直視可具體感知，那之前都以為只是影子的事物。非常有趣地，那個有幸逃跑的人是哲學家，一旦懂得，就無法回頭，他不願再為虛假所欺騙，即便是榮華富貴。柏拉圖評論說：如果有人升格到看見陽光的程度，進而回洞穴，他會因為黑暗而

看不清楚，如此讓他看來「可笑」；假如他嘗試放走另一個犯人
並領他到光亮處，那個喜愛黑暗又把影子當真的犯人，若能抓到
這個褻瀆（offenter），一定會將他處死。

　　我們知道在這裡所指涉的是蘇格拉底，他努力啟發所有
肯聽的人，讓他們理解理性與真理，不讓偏見和詭辯所誤導。
正如前述所言，人的一生既矛盾又荒謬，因此米蘭昆德拉的小
說、沙特的哲學、亞當的蘋果（Adam æbler）都那麼有意義，
也所以怪咖、老處女、同性戀、娘娘腔、猶太人、哲學家等都
被人瞧不起，甚至被迫至死：特立獨行的人是注定要做為犧牲
品，替他們的與眾不同負責。

　　顯然，我們泰雅爾族部落的耆老與智者將傳說故事留給後
代有其牢不可破的真諦，因為他們似乎早已料到泰雅爾族部落
及其族人會遭遇空前的困窘，同時給予最為妥當的解決途徑，
就好像柏拉圖的洞穴比喻所闡述地，讓我們必須認清自己，在
許多事情上（特別是不了解而未曾學習過的事情）都像是居住
在洞穴之中，僅以火光反照的影像來判讀事情。因此，這些影
像絕非真實，這些火光反照的影像，可以解釋為我們部落生活
中的各種偏見、刻板印象、傳統觀點、權威說法、專家知識等
等，這一切不是依據自我求證思考判斷而來的知識。面對泰雅
爾族部落的社會文化變遷，及族人早已經模糊了自己身份、文
化及宗教，又加上被貶低的社會、政治及經濟地位等，烏雲籠
罩在整個部落上，壓得族人早已喘不過氣來苦不堪言。「跳、

跳、跳傳說故事」使泰雅爾族透過柏拉圖的洞穴比喻，深刻省思與覺醒，這個比喻清楚顯示柏拉圖視沿線「上升」為進步，雖然這個進步並非自發而連續的過程：它須要努力及心智訓練（mental discipline）。所以他堅持教育極為重要，藉此青年才能逐步望向永恆、絕對的真理與價值，以免在幻影中的錯誤、虛假、偏見、詭辯、盲目於真實價值來渡日。泰雅爾族部落耆老或智者早就體會教育的途徑非常重要，乃透過「跳、跳、跳傳說故事」的親臨體驗及引導，期使部落子女正本清源地避免陷入在幻影中的錯誤。

　　柏拉圖的洞穴比喻其實還有下半段，他盼望一些能夠離開洞穴的人們，能夠使用柏拉圖的辯證法，想辦法適應真理之光，求取真知。因此我們可以擴大解釋為利用一切求知工具，透過自己的思考與判斷，幫助我們判斷事情的真假。

十五、意表著大地知識、地理空間與自然資源之管理

　　地理學可以說是一門既古老又新穎的學科，一直到十九世紀末期，才在歐美發展出一門獨立的學科，這個學科，主要在探討地球表面各種自然和人文現象的空間分布、交互作用，及其在各地所形成的區域特色。經由這些研究傳統，過去百年來世界各地的地理學家，已經累積了極為豐富的知識內涵，並建

立了頗為完整的學問體系。長期以來，我們發現地理學家不僅
關心世界各地的區域特色，也研究生活周遭各項環境要素等的
性質；人文地理學與自然地理學是相互密切連繫的兩大組成部
分。因此，人文地理學的發展對於地理學的發展有其重要之影
響。有幾篇泰雅爾族神話故事，似乎就是在延續人文地理學的
發展概念，筆者擇一故事來錐心思考看看：

> 古時，祖先曾用老鼠帶來的種子，播在地上，不久
> 長出粟穗並結果，這便是粟的濫觴。當時之粟只需一粒
> 便夠四、五個人安飽，且粟穀成熟後會自動走入穀倉，
> 不用人去收割。
>
> 但有個喜歡惡作劇的傢伙，有一次將粟切成兩半，
> 從此，那些粟的優點都消失了。另一方面，也與上述記
> 載有著異曲同工之妙的傳說，古人煮粟的時候，都是將
> 一粒粟切成兩半，而僅煮其中一半。可是，有個老人一
> 次把整粒粟都下鍋煮，結果粟膨脹而擠破鍋子，爆得粉
> 碎，變成小鳥飛上天。從此，小米就不再自動增加，人
> 們必須整日辛勞，付出全力去耕耘，但是還不足以吃飽。

　　單就這則故事與此故事相仿內容的知識考察，以現代社會
的觀點來看，就可發現其包括了所謂的：資源、管理、經濟、
治理及空間等學問上的概念，非常多元及豐富，過去的泰雅爾

族社會文化就是因為這些豐沛的大地知識，使得族人經年累月地可以跳過無數的黑暗、越過無數的困境。就好像另外一則傳統泰雅爾族部落的寫實故事，過去如此的描繪：

> 大安溪沿岸的泰雅爾族部落，在每一年桂竹筍的產期，家庭初嘗竹筍時，家中最年長者都會請全體家人，到餐桌前圍成一圈或二圈的站立。將竹筍佳餚捧上桌之後，這時，最年長者會大說：「所有的孩子們，跳、跳、跳，跳、跳、跳，跳高一點，再跳高一點。」

　　跳完之後，這一位最年長者會解釋，為什麼要請全體家人來，又要請孩子們跳呢？在明年或往後的生活中，不論遭遇到什麼樣的困境，我們都要全力將其克服，所以我們要跳、跳、跳，跳過黑暗、跳、跳、跳，越過困境。有了這一層的瞭解、思考及感動之後，內心有種莫名的衝動，透過上述故事的知識傳播，到底什麼是泰雅爾族的大地知識（Knowledge ofthe Land）[7] 呢？

---

[7]　參見盧道杰著，《在地知識與否生態傳統知識》，生物多樣性：社經法規篇第十三章，P.218 如加拿大北部的原住民即傾向使用「大地知識」（Knowledge of the Land）甚於「生態知識」，因 Land 一詞在原住民的用語中不僅包含土地、還包括所生活的環境，其意義雖與「生態系統」（Ecosystem）相近，「大地知識」卻是存於環境內的一切物體都具有生命和精神的自然觀之上（Legat et al 1995，引自 Berkes1999）。由此可以感觸到存於原住民族社會或某些在地社區的傳統在地知識體系裡的生態知識，與其生活、價值觀及信仰的關聯。

　　一般而言，依據學者的說法，傳統知識係由多類型且跨領域的知識所組成，包括醫療、狩獵、農業生產等使用的生物、其他材料、以及生產方式等；此外廣義的傳統知識也及於設計、文學、音樂、宗教儀式和其他技術和工藝等。這一寬泛的內容也包括功能和美學性質的資訊，即所有可以用於農業或工業的方法和產品以及無形的文化價值等。傳統知識透過以下方式予以區別：構成的要素，知識潛在的或實際的應用，文獻化程度，個體所有或集體所有形式，以及其法律狀態（郭華仁、陳昭華、陳士章、周欣宜，2004-05-14）。但是，若以今天的觀點來看，經過時代的演進與變遷，傳統知識產生的背景和表現形式多所不同，有些傳統知識已被文獻化，即已被以某種方式正式表現出來（例如紡織品設計，傳統醫學）。然而，當今絕大部分的傳統知識是未被文獻化或約定俗成的，例如原住民於部落間醫療知識，基於傳統的信仰、準則和實踐，歷經數世紀以家庭為單位的嘗試錯誤，不斷改良，並透過世代口耳相傳而沿用至今。總而言之，傳統知識包括了不同類別、不同功能的資訊，它的出現時間經常是早期而且不可考，但是會順應時代而發展，適應時代而變更。傳統知識以各種非文獻和文獻形式表現出來，根據其潛在或實際用途而可能具備商業價值（郭華仁等，同上，2004-05-14）。如此，也讓我們要有所瞭解，在多數情況下，傳統知識由那些在過去已經發展成熟的知識所構成，它們已經被世代沿用，並且在許多情況下已被人類學家、歷史

學家、植物學家或其他研究學者和觀察家收集和公開。傳統知識並非靜止不動，它因不斷的改進或適應改變的情況而不斷演變並產生新的資訊（郭華仁等，同上，2004-05-14）。

　　非常重要地，世界智財組織（WIPO）的「傳統知識、遺傳資源與民俗創作智慧財產權之政府間委員會」（以下簡稱 IGC）秘書處於 2003 年七月中旬所開之第五次會期中，再次重申傳統知識之意含，依其官方文件所載，「傳統知識」係指基於傳統而生之文學的、藝術的或科學的作品、表演，發明、科學發現、外觀設計（designs）、標幟（marks）；名稱或符號、未公開之資訊，以及其他一切基於傳統在工業、科學、文學或藝術領域內智能活動所生之創新／新發明（innovations）與創作（creations）。其中之「基於傳統」係指某種知識體系、創作、創新及文化表達方式，其通常皆為代代相傳，且被認定為係某個特定民族或其居住地域所固有的，並會隨著環境變遷而不斷演進者。因此，從其具體內容觀之，傳統知識包括農業知識、技術知識、生態知識、醫藥知識，此包括相關之藥品及治療、生物多樣性相關知識、民俗創作，其方式包括音樂、舞蹈、歌曲、手工藝、設計、傳說及藝術品、語言之要素（elements of lanquages），如名稱、地名及符號，以及其他具可變動性之文化財產（movable cultural properties）（郭華仁等，同上，2004-05-14）。

　　另一方面，讓我們來瞭解所謂大地知識其詞彙及使用上的分別，學者盧道杰以為，在討論原住民族與土地、自然資源

的關係上，常會提到傳統或在地知識等詞彙與議題。關於在傳統知識系統（traditional knowledge system）的討論中，許多概念和定義被交替使用著，例如原存知識 Indigenous know ledge（IK）、傳統知識 Traditional knowledge（TK）、及在地知識 Loca knowledge（LK）等（Rahman2000，Berkes1999）。所謂原存知識（indigenous knowledge）指的是原住民所擁有的在地知識，或是某一文化或社會特有的在地知識（Warren et al 1995），也可以說就是傳統知識（traditional knowledge）。當應用於生物多樣性的保護議題時，或等同於傳統生態知識（traditional ecological knowledge，簡稱 TEK）（盧道杰，生物多樣性：社經法規篇，P.218）。

然而，我們泰雅爾族與其他的原住民族一樣，與生俱來即直接仰賴土地以及土地上的各種資源作為生存的唯一依據。原住民族認為土地是提供其生命意義、歷史、傳說、宗教、祭儀等部落文化、族群認同與凝聚力的來源，離開土地與土地上的樹木、作物、花草、溪流、山岳等這些孕育原住民文化的自然環境泉源，原住民便失去了與大自然界連結為一體的憑據，而原住民也就不再繼續成為原住民了（盧道杰，同上，P.217）。台灣師範大學地理學系原住民籍的汪明輝教授語重心長的說：不論是原住民或原住民族都必須要有賴以生存之空間領域，生存權、土地領域權等為世界上任何民族最基本人權，所謂原住民之生存不能僅理解為分散個體之生存，而是該社群文化

生態之總體存在，這個總體正是原住民社群與其生存領域環境之生態關連體，以資創造、繁衍（再生產 reproduce）了他們自身特殊生活方式（life style）並生產和繁衍其特殊之歷史脈絡與地理空間（汪明輝，原住民空間策略—分享與共有台灣：一個內在研究者關於原住民族領域的幾點思考，P.4）。又說：據此，時空不僅生存條件，更是生存之本質（essense），社會與時空兩者相互包含，合為整體，社會仰賴時空間（socio-spatial）實踐，空間為社會結構（汪明輝 1992，1997; 王志弘譯 1995），因而破碎之空間無以成就健全之社會，失去空間便失去生活世界。反之，完整之空間方能造就完全之社會，所謂完整空間即能滿足該社會運作所需之政治、經濟、語言、教育、安全、認同及情感依附等等功能之生態領域，此正是所謂領域（territory）者，主體所賴以滿足激勵（stimulus）、安全（security）及認同（identity）等需求之生存空間，即所謂存在空間（existential space）或主體性空間（subjective space）。此空間因為主體而成為充滿主觀意義之場所（place），原住民與場所土地之間形成互為主體性（intersubjectivity）（汪明輝，同上，P.4）。

　　檢視台灣百年來的經驗，足令人感到遺憾地，橫在眼前的事實是，國民政府自日本殖民政府手中接管台灣的山林之後的所有林管方式，不論是林業經營、開採礦石、設置保護區等等，都是一種忽略原住民族的管理方式，不論在國有林、各類

保護區、國家公園的土地管制中，森林鄰近地區原住民族的生活方式都是遭到壓迫的，是一種「沒有人」的、與殖民心態相同的管理方式（靛石，2001-02-22）。可是，現代資訊如此之便利與發達，世界各地的自然資源豐富地區普遍都有原住民居住的蹤跡，但隨著殖民主義與工業資本主義的侵入，原住民族傳統的生活空間遭遇強大的破壞與威脅，縱使殖民國家為維護當地的自然生態，劃設了國家公園或保護區系統，這樣的保護區體系卻是以保護未經人為干預的「荒野」為前提，因而在該區的原住民族不僅無法享有安定的居住權益，更常遭受強迫撤離的命令（吳雯菁，傳統生態知識、文化資本、與自然資源管理—從魯凱族 L 部落的狩獵文化變遷談起，台灣大學森林學系）。殊不知，在原住民族部落所看到、所經驗到的事實情況，反而遠離「自然」的是現代以「國家權力的傲慢」的資本主義下的各種政治、經濟活動，充分利用所謂現今的知識與市場需求，發明機器，大量生產，將自然資源化為社會發展的資本，因此真正威脅今天大自然環境中的永續生存的現代經濟，而非原住民的傳統經濟（沈明仁，08-04-11）。歷史是殷鑑，日治時代日本人以「國家」姿態進入原住民的部落之時，原住民的自然環境、傳統土地、狩獵生活等，在這兩種政治、經濟生活方式相衝突時，原住民的原有的傳統土地與自然的傳統領域，即在國家的權力機制下慢慢的被吞蝕消失，主要因為是經濟發展需要砍伐森林，將傳統土地變更為商業性利用的土地，同時原

住民的傳統生活方式亦隨之改變，最後導致傳統社會瓦解消失（沈明仁，08-04-11）。

　　國外學界自 Hardin（1968）發表「共有資源的悲劇」（tragedy of the commons）以來，世界各國的自然資源管理取向多侷限於國有與私有兩種。但 1980 年代以後，越來越多的個案與經驗顯示，在一些傳統的農耕或游牧社會中存有對「共有資源」（common pool resoues）使用與分配的制度。這樣的共有資源有別於公有財產（public property），並非全然開放予所有的使用者，而是受限於某一特定群體的內部成員（如某一地方社區的居民），並透過群體內部的社會規範約束各使用者對自然資源的接近與使用權限（Ostrom 1990）。這些存於小尺度地方社會中的共有資源管理（common pool resource management）模式，提供了由國家控管或藉市場機制經營自然資源之外的第三種思考，許多自然保育學者也開始關注各傳統社會中，尤其是原住民族長期以來的自然資源使用與分配的體制（吳雯菁，同上）。

　　且讓我們以既沉痛又感動地回到台灣原住民族的環境、及地理的知識世界來踏察，我們必須知道，在台灣泛泰雅族的民族就把自然環境中的土地、動植物與他們的祖靈信仰、gaga 化為等號。就像西雅圖的印地安酋長說：「對於我的族人來說，屬於大地的每一部份都是神聖的。每一根燦爛的松針，每一處覆沙的河濱，每一片密林中的雲霧，每一隻精明的嗡嗡作響的小

蟲，在我民族任的記憶和經驗中都是神聖的」（沈明仁，08-04-11）。因此，我們瞭解土地對原住民來說，是安身立命之所，原住民生活與自然環境本來就是一個生命共同體，而且在台灣這塊土地的山川森林，本來就是他們的生存空間，是屬於傳統自然環境生活的領域，這種所有權本來就應該被尊重。很可惜的都是因為國家在其政治權力與經濟關係，導致在地原住民的土地被侵占吞蝕，我們看到台灣原住民族的歷史與發展，就很清楚瞭解到其極為弱勢的慘況（沈明仁，08-04-11）。

　　所幸地，在國際的自然保育潮流中，對於這樣的自然資源管理方式已經有許多反省，在林業經營方面有森林生態經營、社區林業等概念，保護區的管理則有共管式的國家公園、生物圈保留區等以社區為基礎的自然資源管理方式，這些概念是尊重多元文化與民主的保育方式，其中在地社區（部落）的主體性是受到重視的。世界上許多生物多樣性保育價值高的地區，也正是原住民族傳統的生活領域，如何兼顧自然資源的永續經營與部落的永續發展。正是這些新的保育概念背後所關切的課題（靛石，2001-02-22），也以不同形式表達的知識系統回應泰雅爾族傳說故事，所傳播的大地知識，這樣的傳統知識更符合最為先進的共用資源管理及保育概念。然而，在台灣原住民族的傳統生活領域，長久以來更是不斷被國有林班地、國家公園及國家風景區、各大學等用地所侵佔，實屬遺憾啊！

十六、祖靈信仰與gaga的哲學

古代，在祭祀日清晨，全祭團之各戶家長聚集於頭目家，從其中選出有很多田地且家中經濟充裕者，讓其先至田地摘取一穗小米，並在戶外舂搗後分配給各戶。各家把該小米帶回，並且丟棄在戶外，然後才各自到田地去摘小米穗，吊在屋內。

從這個故事當中我們發現其背後深層的意義及生活哲學的指導，是來自泰雅爾族的 gaga 系統，我們要瞭解在泰雅爾族的文化社會裡，在同一個 gaga 的人即有著共同的祭祀行動與有義務遵守共同的規範。同時在泰雅爾族傳統的社會組織裡，雖然各氏家族戶長匯聚產生 mrhu（泰雅爾族語意為領袖或頭目之意。），但還是要選出一位德高望重、眾望所歸者為代表「摘取一穗小米」，其重點乃在訴說著泰雅爾族文化社會是一個均權平等的民族，是一個沒有貴族及平民、沒有高低位階的差別。由此觀之，泰雅爾族傳統的文化上領袖的產生雖然是世襲，但社會上非世襲，而是依照個人的能力決定，當一個領袖年老力衰之後，即由各氏家族戶長匯聚產生新的有能力者擔任，社會中的權力結構通常並非固定的，而是依靠個人能力的消長而有所變動。

　　泰雅爾族的傳統社會中雖然沒有明顯的階級關係和固定的權力結構，但對於社會中的每一位族人卻有著強大的約束力，維持著部落道德與社會的秩序，這個約束力來自於 gaga 傳統的 utux（泰雅語意即祖靈或信仰之意。）信仰；我們可以這樣講，所謂祖靈是由死去的祖先所組成，gaga 就是祖先們從他們非常厚實的生活經驗所定下的訓示、社會規範及禁忌，「如未能遵守 gaga，而行為不端正者，則懲以疾病、歉收等災害，所以泰雅爾族人對於祖靈的基本態度是服從」、「人類欲使宇宙運行合度，欲使社會安樂幸福，唯有遵從被認為是祖先制定的一切禁則，戰戰兢兢的惟恐有所違背」。以泰雅爾族的生態環境和生產模式來看，家族或氏族團體是極為重要的，任何人脫離了該團體即難以生存，但家族或氏族團體中的秩序並非由一個明確的階級和權力關係來維持其運作，而是透過 gaga 的基本價值、原則及規範；也就是說違反祖先們所定下的訓示所形成的規範禁則就會受到祖靈的懲罰、一個人犯罪整個團體的人都要受罰，這兩個核心的觀念在維持著。

　　由於傳統社會的生產活動普遍存在著因對生態高度依賴所生的外部效果，在狩獵活動中由個人獨立進行常不及團體進行有效，如個人若不受團體規範而對獵物進行無限制的取用，亦將直接影響他人的收穫；因此在傳統的部落中必須建立合作規範並降低資源利用衝突就是優先要務，是以產權共有並藉集體行動所能創造的利益遠高於個人的行動。另者，有關前資本主義時期社區

關係的研究亦指出，產權共有對於克服勞動品質的不確定因素有其助益（Hayami，1998），而農業和狩獵的生產過程須面對不確定的生態條件變數，其生產活動往往分布在廣大的空間，勞力投入的品質難以監控，且財產常是自然暴露在開放場域而難以監督保護，因而採取產權共有、相互監督是為有效的生產方式。「讓其先至田地摘取一穗小米，並在戶外舂搗後分配給各戶」，據此以觀，泰雅族藉由 gaga 組織和祖靈信仰所形成的制度，在傳統社會的土地資源運用和分配上具有重要的文化功能。

現今，儘管傳統的 gaga 正式制度和實施機制或將不復產生作用，但內部非正式制度的部份則在「同一個群體的成員就必須遵守共同規範」、「同一個群體共同分享、承擔賞罰」的基本規則引導下，在特定的歷史經驗中，發展出對土地權利的認知、保護家園的道德感，並經過與外部制度的互動，產生像保育公約、護魚公約這樣的內部正式制度，而這些制度亦被泰雅爾族人認知為一種 gaga（規範），所以，我們知道人們正在透過其各自的集體詮釋，將傳統觀念運用在現代活動之中。

十七、文面圖騰、文化詮釋與宇宙觀

泰雅爾族有一則故事這樣描繪：「在遠古的時候，有許多年輕的女子，不知什麼緣故，突然的相繼死亡，

這個現象使得每一位泰雅爾族人都感到震驚與恐懼，但都想不出解救的辦法。有一天晚上，部落中有個少女做了一個夢，夢見神明顯現在她面前，告訴她如果想要逃過死亡的災禍，一定要在臉上刺上花紋才行。第二天，她將神明在她夢中的指示告訴了全部落裡的人，但是由於誰都不曉得刺花紋的方法，因此仍然一籌莫展。

這時部落中有一個非常聰明的男人，想出了一個辦法，他用燒過的松炭，在女人的衣服上畫了模樣，教給部落中所有的女人，然後用細針依照所畫的模樣刺在臉上，再塗上黑烟，使它永遠不會變色。說也奇怪，自從泰雅爾族女人用針在臉上刺花紋之後，再也沒有少女不明原因的突然死去。自此以後，泰雅爾族人刺花紋在臉上的風俗相襲成風，一直傳到現在」。

我們看到，當代的人類學家常運用認知語言學的分析與原則，再透過隱喻概念的運用並解釋物質文化圖案與織品紋飾的相關，更進一步詮釋其族群背後的意涵，那就是所謂的文化及宇宙觀。從文化圖案的隱喻表現，這般詮釋的文化體系，就可以窺探該族群背後的宇宙觀。

當泰雅爾族的故事描述，「……夢見神明顯現在她面前，告訴她如果想要逃過死亡的災禍，一定要在臉上刺上花紋才行」，這種詮釋的文化體系，假如應用到泰雅爾族文面文化研究，透

過「文面」來瞭解泰雅爾人的宇宙觀，則是一個比較恰當的隱喻詮釋。「文面、文身」的詮釋，在不同民族產生相異而多樣性意義，有普世性所認知的圖騰信仰及民族藝術，也有將文面賦予負面的價值，如中國人將犯罪懲處者予以「黥面」，以儆世人，不同民族均有種種不同的認知、解讀與詮釋。文面在泰雅爾族傳統部落社會，則被賦予更高的意義，泰雅爾族的宇宙觀「從原點到原點」，就是從泰雅爾族人文面文化脈絡探索出來的。泰雅爾族人的宇宙觀，透過一套隱喻的概念，一層層剖析隱喻背後所詮釋的文化體系。從原點到原點的宇宙觀，其意義為「人的生命從那裡來，將來死亡之後也要回到那裡」的概念，而在來回的生命過程中，泰雅爾族人的「文面文化」扮演著非常關鍵的鑰匙。換言之，人降生到世上，短短不過百年就消逝，泰雅爾族人重回生命的原點時，一定要通過彩虹橋，即泰雅爾族人所說的 hawngu utux（祖靈橋），我們知道這個橋扮演著泰雅爾族人是否能回到祖靈的故鄉，「彩虹」這個象徵性的文化，在泰雅爾人的一生，其佔有極重要的認知意義。

　　hawngu utux 祖靈橋的傳說：

　　　　泰雅爾族的 hawngu utux 稱為彩虹橋、神靈橋或靈魂橋，傳述著族人死之後，他們的靈魂一定都要通過神靈橋。神靈橋，就是靈魂走的橋，當族人的靈魂要經過神靈橋時，橋頭會有祖靈守護著，準備要檢查人的手。男人如果是一

個擅於狩獵，或曾經砍過很多人頭的英雄，他的雙手會留有紅色的血痕；女人如果精於織布的話，雙手也會長滿厚厚的繭。因此，只有擅獵能織的文面男女才能通過檢查，順利走過神靈橋與歷代祖靈在一起。至於沒有通過的人則會掉至橋下，被橋下的一隻大螃蟹所吞噬。

每個泰雅爾族人都要知道，神靈橋裡審查的規則，是泰雅爾族人從小學習的各種生活紀律、謀生技能。男孩跟父親學習體能訓練、房舍建造、採集、夢（鳥）占卜、射箭打獵及防衛、出草；女孩跟媽媽學習家事、養兒育女、採麻紡紗、織布編織、飼養家畜等等。未訓練通過者或不努力繼續學習者，會被譏笑為 yan qbuli、mngray 或 kinyayan hikun，即「像灰燼」、「愚拙」、「枯乾的手肘」的意思。泰雅人活著很有尊嚴、好名譽、蒙祖靈祝福，族人無不全力以赴爭取榮譽，也形成一種特殊的個人主義。

文面，泰雅爾語稱之 patas 或 ptasan，而這個圖騰紋樣是源自於天上的彩虹，泰雅爾族人稱它為 hawngu utux（祖靈的橋或神靈的橋）。彩虹，它是泰雅爾人通往祖靈的故鄉 utuxan 或 'tuxan 所必經之關卡，通過彩虹之後，就可和逝去的眾親人相會合，永遠住在一起。因此祖靈橋的神話傳說故事，在部落中常在長輩口中被講述，也常在古老歌謠中被傳唱，這樣在在都隱喻著泰雅爾族人的宇宙觀並非輪迴轉世，而是今生之後，還有來世。

泰雅爾族的「彩虹橋之歌」這樣唱出：

Cila, Cila, Cila mlu Hawngu Utux, Cyux Maga Kya Lkawtas,
L'aba, L'aya.
Aras Wayay ru Gasil su, 'Say ta Tminun Hawngu na Utux,
Cyux Lmayliq tari Mkaraw Kya, Lkawtas na Tayal.
'Say ta Tminun Hawngu na Utux, Laxiy Kngungu iyat
Qtamun na Krahu'
Qulih ru Bibing, Aras kin Mshyu' ru Mtasaw, ata Mlu
Hawngu na Utux,
Cila, Cila, Cila mlu Hawngu Utux. Cila, Cila, Cila mlu
Hawngu Utux

歌詞大意大概是這樣：

走吧！走吧！走向神靈之橋（祖靈之橋），祖父、父親及
母親在那裡等候；
帶著你的紡線與細繩，讓我們去編織神靈之橋（祖靈之橋）；
我們的先祖父，在那裡攀爬，讓我們去編織泰雅爾族的
神靈之橋（祖靈之橋）。
不要懼怕，大魚等水中動物不會吞噬我們，帶著正直與
公義，

我們走向神靈之橋（祖靈之橋）。

走吧！走吧！走向神靈之橋（祖靈之橋），

　　另一方面，泰雅爾族人的生命觀是從永恆到永恆，它以
utux 為核心，以彩虹為橋樑，將人間與靈界塔接起來，將泰雅
爾族人與 utux 的空間關係連結為「兩個不同空間，同一社會的
關係」（李亦園，民 52）。彩虹，泰雅爾族人所稱的祖靈橋，它
隱喻著下列重要的文化意涵：

1. 我們回到靈界時，必先通過重要關卡——祖靈橋，橋上有審
   判者守候並審判我們，這是唯一通往祖靈故鄉之路。在彩虹
   橋上，祖先與我們相會時，就憑著我們臉上的圖紋來與們相
   認，看看我們的紋樣是否和他們一樣。

2. 記祖靈橋的規則，紋過面的人才能通過去，沒有文面的死
   者，就會被審判者丟入橋下無底深淵，永不得翻身。

3. 耆老不斷傳唱的祖靈橋歌謠，直接唱出我們的父母親人，他
   們都在彩虹的那一端，等候我們回去。

4. 祖靈橋的編織，逝去親人常常告知我們，他們先回到祖靈的故
   鄉，在那裡會為我們織彩虹，等織完之後就會下來接我們回去。

　　由此看來，有一天在生命盡頭，泰雅爾族望著上天上的
hongu utux 彩虹（祖靈橋），回首一生，從出生、成長、老化、
生病、死亡，到最後又回到 utuxan「祖靈的故鄉」，就會領悟到
人從那裡來？要回到那裡？什麼是生命原點和結束與歸途？

※參考資料：

01.《苗栗縣泰安鄉泰雅族紋面耆老口述歷史之研究報告》,（雪霸國家公園管理處保育研究報告）,民國 97,12。②

十八、文身圖騰是實踐泰雅爾精神的媒介

　　透過當代人文社會科學的研究,讓我們有機會瞭解,初民社會透過「實踐理論」詮釋當代社會的的原始律法,在部落內不斷循環的建設與使用活動所產生的模式。部落內的規律性社會實踐創造了聚落的社會規範,同時這些習性的行為也具有紀念性並勾連至社會記憶的結構中。泰雅爾族 gaga 的研究,社會規範與族群律令如何在家裡的日常生活中被實踐及被學習,在以文面文化為基礎的泰雅爾族社會中被證實。

　　泰雅爾族有這麼一則故事:「在遠古的時候,有許多年輕的女子,不知什麼緣故,突然的相繼死亡,這個現象使得每一位泰雅爾族人都感到震驚與恐懼,但都想不出解救的辦法。有一天晚上,部落中有個少女做了一個夢,夢見神明顯現在她面前,告訴她如果想要逃過死亡的災禍,一定要在臉上刺上花紋才行。第二天,她將神明在她夢中的指示告訴了全部落裡的人,但是由於誰都不曉得刺花紋的方

法，因此仍然一籌莫展。這時部落中有一個非常聰明的男人，想出了一個辦法，他用燒過的松炭，在女人的衣服上畫了模樣，教給部落中所有的女人，然後用細針依照所畫的模樣刺在臉上，再塗上黑烟，使它永遠不會變色。說也奇怪，自從泰雅爾族女人用針在臉上刺花紋之後，再也沒有少女不明原因的突然死去。自此以後，泰雅爾族人刺花紋在臉上的風俗相襲成風，一直傳到現在」。

透過上述故事的傳遞，讓世人有一定程度的瞭解泰雅爾族為實踐固有 gaga 律令，使族人有機會獲得祖靈的接受與祝福。那就是部落族人為了實踐泰雅爾族的 gaga，泰雅爾族人必需文面才會被部落、族人與祖靈接受與祝福，族人常常不顧環境的惡劣與懲罰，以行動實踐了他們的信仰。我們應當知道，因為在泰雅爾族信仰的認知裡，兒女們如果沒有經過文面，就不能成為真正的泰雅爾族人。縱然兒女們之傳統技藝精堪，將來仍難獲得異性的青睞而被提親，無法通過象徵泰雅爾族精神的彩虹橋，更無法回到天上祖靈的故鄉與他們相會合，因此泰雅爾族人堅決替女兒文面。

除此之外，泰雅爾族之個人主義（或英雄主義）相當鮮明，在部落社會裡每個人都是生而自由平等，這種獨特的人觀，乃源自於泰雅爾族人對權利和義務的實踐。因此真正的泰雅爾族人，沒有例外就是要實踐泰雅族 gaga 的精神，文面圖騰

在泰雅爾族部落社會裡並不是隨隨便便就可以文面的，族人必需將文面背後所承載的文化意義與道德教導，及其背後所肩負的責任義務之實踐。因為在泰雅爾族的世界裡，不論是男人或女人，文面之前一定要謹守遵行泰雅爾族的 gaga，每一個族人當潔身自愛守身如玉，才能通過文面嚴苛的考驗；心術不正者與作奸犯科者，絕對無法通過祖靈的法眼，人心純淨或邪惡，透過文面的過程使其惡形惡狀現形於世人面前，因此誰也不敢在文面之前越雷池一步觸犯或違背 gaga。

　　讓我們舉一個發生在近代歷史中的史實，就是在一八九五年甲午戰爭，清廷戰敗，將台灣割讓給日本。五月日本入據台灣，首任台灣總督樺山資紀抵台。七月起各地泰雅爾族戰士與台灣義勇軍攻擊日軍。從這一年起，面對外族人侵，泰雅爾族全面對日抗戰，泰雅爾族二十幾個部族（族群），為了抵抗日本侵略，從南到北，由東到西，他們在自己的傳統領域和殖民入侵作殊死戰，大小戰役不下二三百回合，有些是部落性抵禦反擊，有些是整條流域幾個部族（族群）或十幾個部落聯合作戰，殲滅來犯敵人。當時泰雅爾族沒有一個部落是缺席不戰而屈服於日本，每一個男人奮不顧身浴血奮戰。因此相當多地可歌可泣的戰爭史，在部落族人之間被傳揚歌頌，一個個英雄豪傑光榮事跡，深深烙印在泰雅爾族後輩子孫心中，其為泰雅爾族部落族人烙下依循的軌跡，亦成為年青一代族人的楷模典範。

　　泰雅爾族民族性，含括了個人主義及強烈的自尊心，因此

遭到外人的批評，泰雅爾族頑梗固執就像一盤散沙，無法團結
在一起。可是，在日據時期，反抗日本最激烈，最令日本頭痛
又無法使之歸順的民族，偏偏又是文面的民族泰雅爾族、賽德
克族和太魯閣族等。究其原因，可以從他們視死如歸的泰雅爾
族精神文化找到答案。大家都懷抱著我為家人、部落及族人犧
牲生命，死了之後就能通過 hawngu utux 彩虹橋（祖靈橋），光
榮回到祖先那裡，所以死亡何懼之有？人人都有必死的決心，
他們將祖訓 gaga 實踐起來。由此可知，泰雅爾族的文化是實踐
泰雅爾族精神的文化，實踐在日常生活裡、實踐在艱困時，通
過實踐泰雅爾族精神，創造了 gaga 的律令與規則以及詮釋什麼
是真正泰雅爾族人。

　　因此，透過上述故事可以使我們更瞭解泰雅爾族民族精
神，其實要瞭解一個民族有許多面向，神話故事與傳說或文面
是瞭解泰雅爾族的一個最佳入門跳板，或許上述故事其彰顯的
是經典泰雅爾族的民族性格、文化的精髓及強烈的義務權利
等；換言之，當泰雅爾族及其部落遭遇空前劫難的時候，將喚
起 gaga 的力量讓族人一一將之實踐出來，唯有如此泰雅爾族始
能通過 hawngu utux（祖靈橋）使族人重返故鄉。這就是一般社
會所瞭解的意義，即文面圖騰所強調的社會辨識性中的成就與
榮耀，這是一種包括了從織布技能到捍衛家園的正面意義。

　　考古學家將人類的器物和遺跡看做是文化的一種表現形
式，如果我們想了解和解釋一種文化的現象，我們就首先需要

發現這些文化現象內在的認知規律，正是這些直觀的規律造就了這些文化現象和形式，「認知、隱喻、宇宙觀」的認知概念呈現在泰雅爾族人的「hawngu utux（彩虹橋）」的文化上。

　　後現代理論的一種重要特點，就是關注社會和個人的意識形態對社會演變過程所發揮的作用，關注物質文化所蘊涵的「思維」與「價值」，人類學家認為，特殊的象徵意義和社會動力過程總是密切相關連的，如果要了解社會發展過程就必需了解這種文化的象徵意義。「象徵、隱喻、榮耀」的泰雅爾族文化，呈現在文面的基本象徵和特殊的「胸紋」意涵上。

　　我們瞭解到，八○年代之後，人類學家認為我們需要一種實踐的理論，來瞭解社會的個人如何在他們的實際生活創造和改造著他們周圍的文化，需要關注日常生活的規則以及一般民眾對周圍環境所採取的態度。泰雅爾族文面文化的實踐也必需要讓社會規則在家庭與社會的日常實踐中被學習，於是乎「實踐、隱喻、真正的泰雅爾族人」表現在泰雅爾族人的日常生活上。泰雅族文面文化，透過後現代學派的理論瞭解，文化不僅是適應實體的功能系統，文化更是一種表述的「認知」、「象徵」與「實踐」的系統。

※參考資料：

01.《苗栗縣泰安鄉泰雅族紋面耆老口述歷史之研究報告》，（雪霸國家公園管理處保育研究報告），民國 97，12。②

十九、文身圖騰象徵族群冠冕及榮耀

　　我們知道，文化體系概念性的隱喻是一種象徵符號思考的中心元素，為許多文化的指標。人的各種文化現象和行為均有象徵意義，無論是在初民社會或現代社會，都有無窮無盡的象徵符號行為存在。有神聖的象徵，如宗教圖騰和儀式、有世俗的象徵符號，如國徽、國歌、國旗等世俗禮儀；而象徵符號它可以喚起人們的情感衝動。回眸思考千萬年以來，我們泰雅爾族織物和紋面上的紋飾花樣，也是一種象徵符號的文化密碼，透過泰雅爾族人的行動以及蘊含於其間的各種符碼，去解析出隱藏於行動（圖騰、儀式等）背後的象徵意義，藉此瞭解泰雅爾族人文化社會的特性。

　　有一則泰雅爾族的文面與文身的神話故事這樣敘述：

　　　　我們泰雅爾族人有刺青，是古早的祖先就有了這一習慣。有一次他們為了嘗試，在腳上刺青，看起來十分美麗。因而說：「我們把刺青刺在臉上，一定更美麗。」就開始在臉上刺了。早期刺青，常把臉的全部刺成全臉變黑，之後，他們就會選擇在臉上刺幾個地方，越來越刺得狹窄。

　　　　刺青不是自己刺，還是要給刺身的人報酬。給女人

刺青的時候，從天亮開始刺，到日沒要刺完。也要請刺身師吃飯，為了讓刺身師想出美麗的花紋，刺身師的報酬，就要七束（用五支鐮刀柴刀等束起來）或八束。

我們的男子，去殺平地人回來之後，要在額上和下巴刺青。我們的祖先，要殺一個人都要動員很多人，連小孩也要出草，而把斬首得來的頭髮一支支分給小孩。回家後，去出草的人都要刺青。結果，那些小孩會像吹風般長得很快。泰雅爾的習慣是殺了很多人的勇者，才在胸部刺青，否則不能在胸部刺青。

殺了平地人，回家時要一路大聲喊著，回到家就要在放平地人首級的地方唱歌。第二天要聚集一起跳舞。把平地人的頭放在首棚上，又要把妻子搗的粉餅，放入首級的口裡，再把粉餅拿出來分給參加出草回來的孩子吃。大家為了慶祝而造酒，再去狩獵，回來就招待全社的人來喝酒。

踏察在部落裡，與幾位耆老談到織布或文面上花紋的意義時，耆老們說：「這些紋飾圖案都是我們泰雅爾族的『文字符號』，每個花紋就好比字字都有意義地」。彩虹文的圖騰，其中的象徵符號包含有十幾種，如多彩的橫線、多變的菱紋、聚落遺址××、遷移路線……等，這些符號都含有象徵性的實質文化意義。文面外顯的實質意義為成年禮的標記、榮耀的象徵、

族群的標誌等，其深層隱喻包含象徵祖先的遺訓（gaga）紋在
子孫的臉上、象徵祖靈的眼睛刻在臉龐、象徵族群的認同歸屬
與命運共同體。有時透過隱喻的概念理論，直接或間接地可以
瞭解該民族所建構可能性的階序關係。

　　泰雅爾族是個既平等又平權的社會，沒有所謂貴族、平民
階層的階序社會。藉著象徵、隱喻與榮耀的脈絡連結，泰雅爾
族人社會地位的高低，乃取決於他（她）們是否為泰雅爾族真
正的男人與女人。文過面之後的泰雅爾族人，才有條件與資格
被稱為真正的泰雅爾族人。泰雅爾族人不分男女，由年少到青
年，必需通過種種文化社會之考驗才能文面。男孩子必需學習
各種狩獵技藝，能夠獨立作業捕獲山豬、山羊等大動物，這樣
他們才能養活新家庭，能夠照顧年邁的雙親。此外，泰雅爾族
男孩子文面最重要的條件是他要能夠與大人一起出草，參加多
次的獵首行動，並割取敵人首級，之後方能文面成為真正泰雅
爾族的男人，這樣他才有資格保護家人及保衛部落，敵人來襲
時也能坦蕩地、毫無畏懼地迎戰並加以擊退；女孩子，必需學
習所有家務，能上山做農事，更重要的是她必需具備出色的編
織技藝，能為全家大小編織出漂亮舒適的服飾，唯有這樣蔡能
文面成為真正泰雅爾族的女人。

　　由上述可以瞭解，要成為真正泰雅爾族人「必備的條件」，
也是最起碼的基本條件。在泰雅爾族社會若要具有更崇高的社會
地位，讓每一個人對你側目或肅然起敬，就必需擁有過人的能

力，男人女人都必需有胸紋，才能獲得。根據文獻所摘錄下來：
「表示獵頭多寡的紋胸：泰雅爾族之某些族群常以紋胸表示武功
（戰功）。我們必需對所謂的紋胸有所瞭解，在傳統的泰雅爾族
社會裡不論男女都表示其能力之非凡。男性之文胸從胸上刺一條
縱紋開始，再由武功之高下在兩乳對稱處增加橫紋；女性則貞淑
織技優良，可做一社之模範者，在兩乳之間，刺一條紋。據佐山
融吉之調查，Tubus 社准獵頭二十個以上者在胸部左右乳下刺橫
條紋，每增加的一個首級則增加一道橫紋」（何廷瑞 1956）。

　　在多位耆老的記憶裡，小時候只要看見前面走來胸部上有
胸紋的男人，部落族人就會很自然對他肅然起敬，給他讓路，
並投以羨慕眼光。部落會議裡，在眾多頭目、族長及勢力者面
前，也都會請有胸文者上座，雖然也許他並不是頭目群，但因
著他們武功蓋世，深獲部落族人的肯定，地位之崇高能夠與頭
目們平起平坐的殊榮。同樣情形，一位在兩乳溝中間有橫紋的
婦女，人人都對她尊重敬仰，因為她代表貞潔賢淑，編織技藝
超群，是泰雅爾部落女姓之模範。由此觀之，胸紋其象徵能
力、地位與榮耀。

　　我們也可以看到，考古學家 Potter 借用隱喻的概念將位於
美國西南方原住民透過狩獵地景建立其階序關係，也借用隱喻
概念將性別階序的關係被建立在狩獵地景中，顯示了如何狩獵
以及創造並證實男性透過動物和人類、狩獵和戰爭、獲取動物
以及女人的隱喻連結。相似的情景，在泰雅爾族的社會，隱形

的、純正的、聖潔的階序概念，也被建立在男性狩獵、顯赫戰功以及女姓持家、貞潔與精湛織布技藝平台上。透過紋面與紋胸特殊儀式，他們被推舉為更高位階與典範的泰雅爾族人。所以，我們似乎可以這樣瞭解，概念性的隱喻，透過文面紋胸的象徵意義，將泰雅族人的最高榮耀階序性地呈現在泰雅爾部落社會裡好不掩飾。

我們知道，這個象徵能力、地位與榮耀，早期泰雅爾族人大約在歲 5 至 15 歲前後必須完成這一項重要的文面禮俗。男子必須在多次狩獵並獲得部落長輩們的認可時，才可以在額頭上及下巴刺紋；女子必須學會織布才得以在臉上刺紋，其主要的目的乃是傳承泰雅爾婦女紡織的責任，因此完成文面者獲得夠資格論及婚嫁。相反地，未曾文面或未完成文面者，要找到所謂理想終身伴侶相對就難上加難了。這一項屬於泰雅爾族神聖與榮耀的文面文化，在泰雅爾族固有傳統有其文化的意義，如下：

文面是英勇的表現、文面是身份的識別（認同）、文面是成年的表徵、文面是最高的榮耀、文面是族群認同的表現、文面是能力的肯定與表現、文面是尊榮與責任的象徵、文面是審美的標準、文面是成熟的標誌、文面是生命的表徵、文面是女子貞節的行為表徵、文面死後可以祈福避禍及文面死後始入靈界等。

※參考資料：

01.《苗栗縣泰安鄉泰雅族紋面耆老口述歷史之研究報告》，（雪

霸國家公園管理處保育研究報告），民國 97，12。②

二十、部落的Sisiliq不再唱了

作者／阿慕依・達耀

　　泰雅爾族的傳統故事、歌謠，呈現其的文化精神與價值觀，進入現代化的工商業社會後，泰雅爾族人的心，是否還是如傳統一般？

　　古時候，泰雅爾族先輩們對於如何判別好壞吉凶之方式與標準不一，因此族中長老們經討論做出結論說：「我們不妨為了定一件事來尋找一樣東西，來替代神靈做為審斷吉凶與良善好壞的標準。」

　　　古早，祖先要出門，沒有能夠判斷吉凶的東西。因而遭遇疾病、受傷等，結果無法醫好而死。他們就商量要尋找一種神的代理，可判斷吉凶，達到願望。

　　　有一天，烏鴉和希烈克鳥舉辦拿石頭飛越溪河比賽。說：「能夠耐著得到勝利的，就做人類來往時，判斷吉凶的鳥。」於是，烏鴉先開始嘎嘎叫著拿石頭，可是石頭連動也不動。當場立刻換了希烈克鳥，發出希──希──希──的叫聲，把石頭拿起來，飛越了河溪，在對岸放下來。由於希烈克鳥贏了，人類有事要去外地時，

都由希烈克鳥判斷吉凶。

　　族人為此事在河邊聚集開會做一個競賽，泰雅爾族人屏息觀望著烏鴉和小不點 siliq（繡眼畫眉）的大決戰。開戰之初由大力士烏鴉首先登場亮相，牠得意洋洋走上去，然後高聲一呼，只見烏鴉「quqa……quqa……」地振翅高喊，卻不能夠使大石頭有絲毫搖動的跡象，顯然牠失敗了。隨後，由小不點 siliq 接棒去抬那個大石頭，牠靈巧的飛過去，不費吹灰之力把巨大無比的石頭抬到對岸，而且猛力地一摔。所有在岸邊觀望的泰雅爾族人都十分驚訝，因為有誰會相信小不點 siliq 的驚人一舉呢？然而事實卻擺在他們眼前。從那場決戰以後，小不點 siliq 主宰了泰雅爾族的心靈世界，凡是吉、凶、良及惡者，皆由 siliq 來指引泰雅爾族的審斷依據。

　　大家都會好奇的問：「世上昆蟲、鳥類之多，為何其將小不點 siliq 作為泰雅爾族人與神意的仲介鳥？」siliq 對台灣本地人來說並無特別的意義或興趣，因為環境被破壞與人類濫捕，導致現在山林之間也不容易看到牠的身影，牠的身材十足的嬌小，但動作活潑亂跳異常敏銳；牠有一雙吸引人的白眼影圈，本地鄉土名為「大目眶」，在學名上為 Alcippe morrisonia，英文俗名 Gray-cheeked Fulvetta，屬畫眉亞科科別，我們可以這樣形容：牠具有泰雅爾婦女嬌小而能幹的特質。

　　根據泰雅爾族部落耆老訪談中描述：「不論去工作或去園

地，特別是去打獵，只要 siliq 急速飛越人的面前，並發出很兇、很急迫的 siq 聲，族人一定折返，不敢越雷池一步地繼續往前走，因為傳統文化倫理告訴他們，打從內心知道，若繼續往前走將有不詳之事發生。」

曾經有一泰雅爾部落流傳一則事件，當時賴以為生的水田，因水源枯竭造成該部落無法耕作，部落耆老商討另覓佳美之地好延續子孫。正當部落進行遷徙之時，途中有一隻 siliq 急速穿過頭目的眼前，只差一點點即撞上眼睛，此時大家心知肚明，各家族耆老決議留下原地繼續開墾。但有一組人馬不死心往前走，據部落長者說，那組執意向前的族人，其後代陸續發生重大事故，如被落石擊斃、二個兄弟跑遠洋下落不明等。類似例子多得不勝枚舉，由此觀之，自然界每一卑微元素，對泰雅爾族來說都包含著啟發作用，映照人與自然地相互尊重、相互學習，既開發又平衡環境空間。

筆者想說的是：一隻微不足道的 siliq，其聲音誰在乎？你知道嗎？牠可以搖撼泰雅爾族人深層的一套文化生活模式，起動泰雅爾族人內在之倫理及道德良知。泰雅爾族祖先雖沒有文字符號可作為紀錄，學習部落社會價值觀，但 Utux Kayal（造物者）常以現存的種種實物表達其背後眾多文化意涵與社會關聯性，其中 siliq 也扮演這個角色，讓族人輕而易舉地感受到 Utux Kayal（造物者）的心意，維護井然有序的世界。

筆者好奇的是，在泰雅爾族傳統部落裡，族人們確實相信

並順從那身材極小的 siliq，牠在任何時間與環境中的歌聲，就好像前文所言，族人們不論去園地、工作、打獵、提親或遷徙等途中，都不會也不敢將 siliq 的歌聲等閒視之，當下族人們會立刻折返或擇期重新再來，尤其是家裡、家族或部落發生重大事件時，耆老的回答仍是：「某月某日那個人曾遇見 siliq 在他的面前唱過歌。」

但自泰雅爾族部落及其族人與基督信仰對遇之後，產生了極為重大的震盪，許多耆老表達說：「我們已經相信耶穌基督了，假使遇見 siliq 再發出很兇、很急迫的 siq 聲，我們大都會以禱告方式交託給上帝。」

然而，我們的部落早已不是從前的樣子，取而代之財團引進的重機械聲、唯物生活型態；我們擁有隔音良好的豪華汽車穿梭部落，但也有著對族人及部落冷漠又無情的心。另一方面，今天所謂的主流社會擁有一流而厚重的六法全書，指導及控制我們的生活；部落中處處也可看到「傳福音」的教會，有權威的「教會法規」作為信仰實踐標準，過去倚重造物主給我們提醒的情形已不復見。無怪部落長者皺著眉頭嘆息說：「曾幾何時地，部落早已不見了它的原貌，好久沒看到 siliq 拜訪部落了，好久沒聽到 siliq 再為人們歌唱了！」

是不是 siliq 憂愁泰雅爾部落，不再唱大地之歌了？泰雅爾族部落 siliq 不是不唱，今天牠的聲音已極其微弱到無奈，也沒有人願意用心去聆聽。

第五篇

走下彩虹橋

一、傻瓜的圓夢之旅

　　萬萬沒想到，當初懷抱著對泰雅爾族文化的熱情，卻成了無哩頭的振筆，到中途才發現這是一場瞎子摸象，像極了西方聖誕節的麋鹿一般不知去向，更無路可退。讓筆者身心俱疲的是所承受的壓力，一天壓過一天，每天面對著家人、妻子及女兒，唯有默默地承受不敢吭聲，還是微笑或快樂以對。在壓力鍋裡不斷告訴自己，「這是一個非常有意義的工作」，捨我其誰呢？索性壓力鍋旁有許多的歡笑聲，是來自兩個女兒每日所傳送的，她們成為筆者一直寫、不斷寫及不停思考的靈感來源，更是筆者完成「這是一個非常有意義的工作」的動力，在即將完成這項工作前，筆者正思考當用什麼方式，表達個人在過去

近一年中所接受的家庭溫馨，至今身、心、靈近枯竭，可謂已
走到山窮水盡之地步，唯有在此藉個版面對家人、妻子及女兒
說：在過去將近一年的辛苦裡，根本像傻瓜一樣，一直寫一直
寫，一路走來，有你們的陪伴真好，謝謝你們。

　　當初原本以為天下無難事、只是有心人，進入思想體系
（東西方）才知事情不妙，真的不妙了，思想體系之浩瀚無
窮，泰雅爾族的社會與文化思想體系，可以說「根本沒有這回
事」，講誇張一點，過去因為沒有人在這方面著墨，所以筆者才
會像麋鹿一般陷入兩難也進退失據，當下的處境難以想像，真
的用心體會了所謂的一籌莫展束手無策，苦不堪言。不斷安慰
自己：「這是一個非常有意義的工作、只要有心，皇天不負苦心
人、百尺竿頭……」等等的安慰詞通通跑進已呆滯的腦袋。好
像已退到最後的牆角時，整個腦筋突然出現古時候泰雅爾族部
落的傳奇人物 Yaway Tuyaw（雅外・督耀／即恰似現代大媽逛
百貨的人），穿戴著所有家當往部落的園地去工作，她一輩子
都在泰雅爾族部落幫助族人的需要，大受歡迎，這樣身影也突
然地熟悉起來，一下子心靈受到激勵與鼓舞，格外興奮起來，
好像飄散在汪洋大海裡的人突然抓住一片木板，成了救命的機
會，回到岸上，重新開始，此情此景真是太棒了。

　　回想起來，真是太冒進也太冒險了，前面要爬行的十幾
個月時間會如何，比如本身的健康及部落耆老的疾病情形、相
關資料蒐集、翻譯及整理、以及書寫……等等的問題，都未曾

評估，只是單憑對泰雅爾族文化及傳統智慧的滿腔熱忱，就這樣心一狠開始著手展開所謂的寫作。一開始，筆者只是寫了二篇相關的文章，簡單地想要投稿給「台灣教會公報社」分享出來，後來不知怎麼搞地，在那期間，相繼讀了「神話的智慧」（Joseph Campbell 喬瑟夫・坎伯著，李子寧譯民85）、「神話學」（Roland Barthes 羅蘭・巴特，許薔薔、許綺玲譯2007）、「台灣山胞各族傳統神話故事與傳說文獻編纂研究」（內政部，民83）及「故事神學」（宋泉盛，莊雅棠譯1990）以及篇幅較小的「神話與意義」（Claude Lévi-Strauss 李維斯陀，楊德睿譯2001）等著作之後，內心好像中了什麼毒、患了什麼病一樣，欲罷不能的腦海裡有個聲音傳來，告訴自己：要寫、一定要寫、不能停止。好可怕的一段歷程，每一頁文章的每一段腳程不僅是走一步算一步，加上筆者本身的哲學基礎不好，又不知什麼是文學及其表達，基礎教育也未曾加把勁的痛苦經驗（過去在部落常常聽到的笑話，這都是國小及國中外省籍的老師把我們教壞了）。經常是熬過三個通宵、越過四個午餐以及忘了吃藥時間，或是常常忘了洗臉卻已到了晚餐刻。筆者也常想可能是自己的資質不優，導致寫作的功力不足才會吃上悶虧，但有一點筆者非常清楚地，如果「今天不做，明天會後悔」，因此，像鐵了心一般，選對了素材就作吧，成為筆者的辛苦座右銘。

到後來的發展，每當寫完一篇文章的時候，筆者就定為這是一個「傻瓜的圓夢之旅」，就好像在泰雅爾族部落當中有一個

看似傻傻的人，成天就只是這邊走走、那邊走走，漫無目的地在部落走動，沒有人知道他在尋找什麼？在部落族人眼中所瞭解地這個傻傻的人，唯有喜歡找已上了年紀的老人對話、或者聽聽部落耆老吟唱古調歌謠、或者敞開心門聽聽部落耆老訴說過往的歷史與故事……等等，而這個傻傻的人也似乎是樂此不疲地不斷重複做這些事，也常常忘懷今夕是何夕。

二、祈盼部落的成長

透過撰寫此一拙著，筆者有機會再一次深入泰雅爾族部落、有機會再一次重新認識部落，也藉著踩進部落有機會窺探耆老心靈及其背後所承載的深邃文化，過去幾千幾萬年泰雅爾族人蓽路藍縷慘澹經營所構築的生態與人文環境，其實是已建構了泰雅爾族的哲學思潮，將其帶進部落與家庭、園地與獵場、抵禦與抗爭、土地與領域、生活與文化、教育與知識、宗教與祭典……等等，形成一個固有與完整的民族、社會與組織。同時，泰雅爾族人自然地將這個引領部落的思潮，一代一代的薪火相傳，更讓泰雅爾族人成為堅強的泰雅爾族群，從跨越亙古時期的黑暗到近代殖民朝代所帶來的欺壓。

我們可以從祖先與耆老口中得知，泰雅爾族群的 gaga 與歷史文化，都藉由父傳子方式，以生態人文為教材、大地為教室逐一教導子女學習，日積月累地就這樣從大地學習來的智慧推

砌成了泰雅爾族的哲學思想。也從這樣的智慧與知識路徑慢慢建構了屬於泰雅爾族的宇宙觀（世界觀）及各項傳統知識，以面對與因應一代又一代變動的社會生活。物換星移時過境遷，曾幾何時慨嘆地來到了不知第幾代，卻自稱為「現代的泰雅爾族」，從根本的思想及外表上看來，好像又不像泰雅爾族，所謂「現代的」這一代在部落的確產生極大的困擾，你說他（她）不是嗎？他（她）的確又是！另一方面，現在社會中有許多一半是泰雅爾族身份的（媽媽嫁給漢人或其他），其實他（她）們未必真的認同部落及泰雅爾族。除此之外，來自部落的泰雅爾族子弟離鄉背井到現代學校就學，在稚嫩的心靈上又無故被灌以儒家思想，從此以後整個宇宙觀是漢人的，因此產生了極為殘酷的結果，那就是「長相與名字可能是泰雅爾族、心靈卻已被改造為漢人」了，此般情形徹底喪失了泰雅爾族傳統的基礎的哲學思想，無形中更削弱了部落整體的力量以及未來發展的潛力。

　　筆者慶幸，有機會鑽進泰雅爾族古典神話故事與傳說故事的殿堂，重新與泰雅爾族傳統文化貼近並與部落發生情感。進去之後，才發現自己是那麼渺小，只感覺到自己站在某一個角落，眺望浩瀚無邊的神話與傳說世界，門是那麼多、窗也那麼多，要從那裡著手開始呢？心情是澎湃洶湧的，筆者可以興奮地感受到神話與傳說或許站在門前伸手迎接、或許站在窗前吟唱表達歡迎之意、或許那正是祖靈正在呼喚著的聲音；從來

沒有看過也從來未曾知曉，原來神話與傳說有那麼多的入口選項，門邊好像貼出佈告欄一樣，可以從文學進去、可以從人類學進去、可以從歷史學進去、可以從環境學進去、可以從地理學進去、可以從自然學進去、可以從生態學進去、可以從經濟學進去、可以組織學進去、可以從哲學進去、及可以從神學進去、以及可以從神話學進去……等等揭開屬於它的面紗；神話故事與傳說真是太精彩、太棒了，它整體故事的構思簡直超乎想像，它可以直接觸摸人的心靈深處並與之對話，也可以描繪人類生存的環境與空間。

回顧過去，記憶是相當的模糊不清，腦海中只記得一些片段的東西，當我們泰雅爾族的祖先與長輩們將弓箭傳承予現代的子孫，後代子孫肩負著弓箭由山林走入「現代叢林」的時候，沒有多久，發現這些後代子孫突然迷路走丟了，原來肩負著的弓箭，已被外人所拾起私藏，丟了弓箭而不迷途知返還不打緊，連接續著祖靈、社會、倫理、文化、土地及領域的名字也交給了漢人；走入「現代叢林」前的那個山林（土地及領域）在迷路中無意識的時候也拱手讓人，而「現代叢林」的殖民者及漢人更是歡喜掠奪。

深深覺得能夠成為台灣原住民泰雅爾族可真是太棒太漂亮了，我們不僅擁有祖先們破天荒開天闢地的自然資源、擁有超過漢人的歷史及優美豐富的文化等等，這些都是厚植生存與生命成長的原動力。但是，當我們泰雅爾漫步於所謂的「現代叢

林」時，已經不記得那曾經豐富部落及族群生命的山林文化，已忘卻了潺潺的流水聲、已忘卻了蟲鳴鳥叫聲及早已忘卻了什麼是野生動物的腳蹤，而這些都與泰雅爾族人偉大的想像有關係；今天的泰雅爾族後代子孫在他們成長的記憶當中早已失去了此一「想像」，部落裡也沒有族人可以告訴他們這個「想像」有多麼地偉大，部落裡也沒有媒介可以與此一「想像」聯結，實屬遺憾！成為泰雅爾族的子孫有義務有權利必須要知道，這個「想像」可以跨越知識或失去的記憶，我們可以想像一下，過去在泰雅爾族部落的歷史上大頭目 qbuta（姑浦大）他如何與部落族人互動對話、他如何帶領族人跨越黑暗及困境、他如何教導年輕人生活與技能、及他那充滿智慧的一身如何依循 gaga，以及他如何將生活空間與傳統領域劃撥給部落族人等等；因此，筆者相信這個「想像」同樣可以跨越時空，成為今天泰雅爾族的幫助，至少這個「想像」可以幫助後代子孫恢復失去的記憶，可以幫助後代子孫從現代知識的想像回到部落重新儲存失去的記憶，這或許就是使泰雅爾族部落成長的可能性因素之一，祈願我們同心合一來努力吧！

血歷史　PF0076

新銳文創
INDEPENDENT & UNIQUE

泰雅爾族傳統文化
——部落哲學、神話故事與現代意義

作　　者	萊撒‧阿給佑
責任編輯	蔡曉雯
圖文排版	鄭佳雯
封面設計	陳佩蓉

出版策劃	新銳文創
發 行 人	宋政坤
法律顧問	毛國樑　律師
製作發行	秀威資訊科技股份有限公司
	114 台北市內湖區瑞光路76巷65號1樓
	電話：+886-2-2796-3638　傳真：+886-2-2796-1377
	服務信箱：service@showwe.com.tw
	http://www.showwe.com.tw
郵政劃撥	19563868　戶名：秀威資訊科技股份有限公司
展售門市	國家書店【松江門市】
	104 台北市中山區松江路209號1樓
	電話：+886-2-2518-0207　傳真：+886-2-2518-0778
網路訂購	秀威網路書店：http://www.bodbooks.com.tw
	國家網路書店：http://www.govbooks.com.tw

| 出版日期 | 2012年1月　初版 |
| 定　　價 | 240元 |

版權所有‧翻印必究（本書如有缺頁、破損或裝訂錯誤，請寄回更換）
Copyright © 2012 by Showwe Information Co., Ltd.
All Rights Reserved

Printed in Taiwan

財團法人
原住民族文化事業基金會
Indigenous Peoples Cultural Foundation

國家圖書館出版品預行編目

泰雅爾族傳統文化：部落哲學、神話故事與現代意義 / 萊
撒・阿給佑著. -- 初版. -- 臺北市：新銳文創, 2012.01
　　面；　公分. -- （血歷史；PF0076）
　　ISBN　978-986-6094-54-5（平裝）

　　1.泰雅族　2.民族文化

536.3311　　　　　　　　　　　　　　　　100024959

讀 者 回 函 卡

感謝您購買本書,為提升服務品質,請填妥以下資料,將讀者回函卡直接寄
回或傳真本公司,收到您的寶貴意見後,我們會收藏記錄及檢討,謝謝!
如您需要了解本公司最新出版書目、購書優惠或企劃活動,歡迎您上網查詢
或下載相關資料:http:// www.showwe.com.tw

您購買的書名:_____

出生日期:_____年_____月_____日

學歷:□高中 (含) 以下　　□大專　　□研究所 (含) 以上

職業:□製造業　□金融業　□資訊業　□軍警　□傳播業　□自由業
　　　□服務業　□公務員　□教職　　□學生　□家管　　□其它_____

購書地點:□網路書店　□實體書店　□書展　□郵購　□贈閱　□其他

您從何得知本書的消息?

　□網路書店　□實體書店　□網路搜尋　□電子報　□書訊　□雜誌
　□傳播媒體　□親友推薦　□網站推薦　□部落格　□其他_____

您對本書的評價:(請填代號　1.非常滿意　2.滿意　3.尚可　4.再改進)

　封面設計____　版面編排____　內容____　文／譯筆____　價格____

讀完書後您覺得:

　□很有收穫　□有收穫　□收穫不多　□沒收穫

對我們的建議:_____

_____

_____

_____

請貼
郵票

11466
台北市內湖區瑞光路 76 巷 65 號 1 樓

秀威資訊科技股份有限公司　　　收
　　　　　　　BOD 數位出版事業部

....

（請沿線對折寄回，謝謝！）

姓　　名：＿＿＿＿＿＿＿＿＿　　年齡：＿＿＿＿　　性別：□女　□男

郵遞區號：□□□□□

地　　址：＿＿＿＿＿＿＿＿＿＿＿＿＿＿＿＿＿＿＿＿＿＿＿＿＿

聯絡電話：(日) ＿＿＿＿＿＿＿＿＿＿　　(夜) ＿＿＿＿＿＿＿＿＿＿

E-mail：＿＿＿＿＿＿＿＿＿＿＿＿＿＿＿＿＿＿＿＿＿＿＿＿＿